U0111970

大展好書　好書大展
品嘗好書　冠群可期

大展好書　好書大展
品嘗好書　冠群可期

運動精進叢書 22

籃球教學訓練遊戲

韓國太　編著

大展出版社有限公司

前　言

　　近年來，隨著各種籃球賽事在我國的蓬勃開展，參與籃球運動已經成為新的時尚。

　　體育教學在「健康第一」和「快樂式教育」等思想的指導下，越來越重視學生的興趣和感受，體育遊戲已經成為教學內容的新寵。籃球運動本身就是一種遊戲，因此，在各級各類學校體育教學訓練中更是備受歡迎。

　　單純的籃球基本技術訓練是枯燥乏味的。將籃球的基本技術訓練與遊戲有機地結合起來，不但培養了學生（隊員）的興趣和愛好，而且有利於激發學生（隊員）投身籃球運動的積極性，還能夠豐富訓練內容，儘快地提高學生的籃球競技水準。

　　我們編寫的這本《籃球教學訓練遊戲》正是應廣大讀者的需要，將枯燥的籃球訓練寓於生動、活潑的遊戲當中，力求使學生（隊員）在歡快的笑聲中掌握和提高籃球各項基本技術及配合意識，使籃球教學訓練不再是學生（隊員）的負擔，真正成為學生（隊員）的一種享受。

目　　錄

第三章　投　籃 ……………………………… 133

第一章　傳　球

1 看誰傳得快

目　的

提高學生快速傳接球的能力及傳接球的準確性。

場地器材

空地 1 塊（或籃球場）。

方　法

　　如圖所示，把學生分成人數相等的兩隊，互相交錯地站成一個圓圈，圓的直徑為 10～12 公尺。每隊選一人站在圈中央，圈中人各持一球，背對背站立。

　　遊戲開始，圈中人按同一方向依次傳球給本隊的每一個人，每人接球後都立即把球回傳給本隊的圈中人，連續進行。兩隊互相趕超，超越對方的隊為勝。

規　則

●圈中人只能在直徑為 1.8 公尺的小圓範圍內移動，而且必須依次傳球給本隊人員，不得間隔。

●任何人不許故意干擾對方傳球。

●如果傳球失誤，要從失誤人那裏繼續傳球。

教學建議

●此遊戲應該在學生已掌握正確傳球動作的基礎上進行，避免由於求快而破壞了正確的傳球動作。

●若學生人數過多，可分成若干組進行。

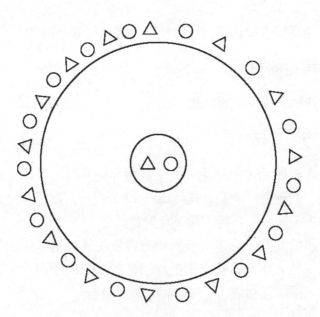

② 傳 遞 球

目　　的

使學生學習和掌握雙手接球和持球方法，發展靈活性
和柔韌性。

場地器材

籃球場 1 塊，或空地 1 塊，籃球 2 個。

方　　法

如圖所示，把學生分為人數相等的兩隊，隊員間相距
一臂左右距離成縱隊站在場內，排頭手持一個球。遊戲可

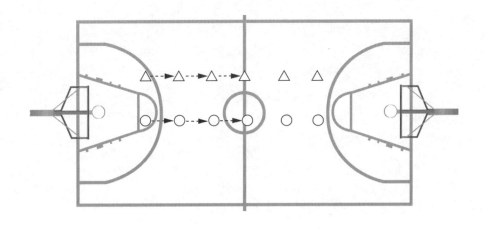

按以下任一種方式進行：

● 交換球：

第一個人用雙手把球從頭上傳遞給第二個人，第二個人接球後用雙手把球從胯下傳遞給第三個人，如此按次序一個從頭上、一個從胯下把球傳遞至排尾。

● 交接球：

第一個人雙手持球向左轉體把球傳遞給第二個人，第二個人雙手接球後向右轉體把球傳遞給第三人，如此按次序一個向左，一個向右，直到把球傳遞至隊尾。

● 滾動球：

隊員分腿彎腰把球從排頭至排尾由隊員胯下滾過去，排尾隊員接到球後，馬上抱球快跑至排頭，分腿彎腰再次把球從胯下滾到隊尾。如此按次序滾球、抱球快跑，直到全隊每人輪流跑至排頭一次為止。

③ 傳球比多

目 的

提高學生在對抗中快速傳、接球的能力，培養相互協作和集體主義精神。

場地器材

籃球場 1 塊，籃球 1 個。

方 法

如圖所示，把學生分為人數基本相等的兩隊，比賽從中圈跳球開始。得球一方在同隊隊員之間連續傳接球 10 次

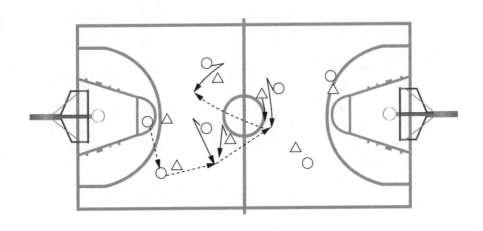

以上不被對方搶斷，即得 1 分。每增加 10 次遞增 1 分。

如傳接球未到規定次數而被對方搶斷或自己失誤，則取消已傳次數，直到該隊重新獲得球權再從頭計起。在規定時間內，得分多的隊獲勝。

規　　則

● 有球一方只能傳球，不得運球或投籃，不得帶球走，否則算違例，球交對方擲界外球重新開始比賽。

● 搶斷球時不得有犯規動作，否則斷到球無效，球交對方擲界外球重新開始比賽。

● 同隊兩人間傳接球不得連續進行，否則判違例。

● 判跳球時，雙方在就近圓圈內跳球繼續比賽。

教學建議

● 可根據參加遊戲人數的多少決定場地大小：人少用 1 塊場地，人多用 2～3 塊場地。

● 可根據參加者的水準決定傳接球的次數。

④ 傳 球 比 賽

目 的

提高學生在對抗中快速傳接球的能力，培養相互協作和集體主義精神。

場地器材

籃球場 1 塊，籃球 1 個。

方 法

把學生分為人數相當的兩隊，比賽從中圈跳球開始。

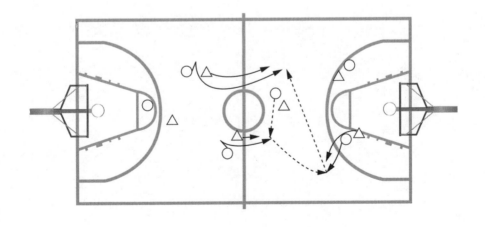

得球一方在同隊隊員之間連續傳接球 15 次以上不被對方搶斷，即為得勝一局。可以採用三局兩勝制或五局三勝制。傳球當中被斷則已傳球次數取消。

規　　則

● 有球方只能傳球，不得運球或投籃，不得帶球走，否則算違例，球交對方擲界外球重新開始比賽。

● 搶斷球時不得有犯規動作，否則斷到球無效，球交對方擲界外球重新開始比賽。

5 打「龍尾」

目　的

提高學生快速傳接球的準確性，培養其靈巧、敏捷和迅速反應的能力。

場地器材

籃球場 1 塊，或平整的空地 1 塊，籃球 1 個。

方　法

把學生分為人數基本相等的甲乙兩隊，甲隊首先圍成一個直徑 10～12 公尺的圓圈，乙隊在圓圈內排成縱隊，後面的人抱著前面人的腰組成「龍」，排頭的隊員為「龍頭」，排尾的隊員為「龍尾」。

遊戲開始，圈外的人相互傳球，捕捉時機用球擲「龍尾」，「龍頭」則帶領全隊迅速奔跑、躲閃或用手擋、打來球，以保護「龍尾」不被球擊中。若「龍尾」被擊中則到排頭擔任「龍頭」，圈外的人再繼續快速傳球打新的「龍尾」。在規定時間內，計算被擊中的「龍尾」有多少人。然後兩隊互換角色，再進行同樣的時間後，計算雙方被擊中的「龍尾」數，數量少者為勝。

規　　則

● 圈外人不得縮小圓圈的直徑以進入圈內打「龍尾」，否則打中無效。

● 只准打「龍尾」腰部以下的部位，否則打中無效。

● 圈內的「龍」必須保持縱隊隊形，不能斷開，「龍尾」也不能縮在隊伍內，否則算被對方打中。

教學建議

● 被擊中的「龍尾」也可以站到圓圈外幫助打「龍尾」。

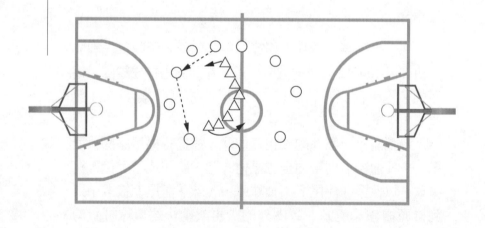

6 迎面傳接球比賽

目　的

提高學生的快速傳接球能力。

場地器材

籃球場 1 塊，籃球 2 個。

方　法

如圖所示，在球場上畫兩條相距 4～5 公尺的平行線，把學生分為人數相等的兩隊，每隊再分為兩組，成縱隊相

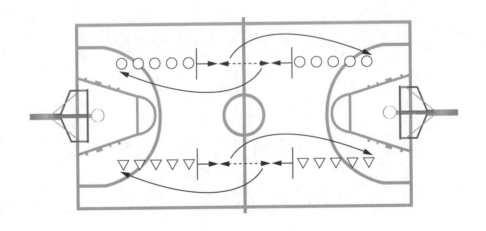

對站於兩條平行線後，兩隊排頭持一球。

　　遊戲開始，持球者用原地傳球方法把球傳給迎面跑來的隊員，然後迅速跑到對面組排尾站隊；接球隊員跑動中接球後又迅速把球傳給向自己迎面跑來的隊員，然後跑到對面排尾站隊。如此依次進行，直到全隊累加完成規定次數，先完成的隊為勝。

規　　則

　● 遊戲開始時各隊第一人不得踏、越線做原地傳球；其他人的傳接球均必須在跑動中完成，否則作失誤處理。

　● 如果傳接球失誤，必須在失誤處重新開始，前面次數取消。

　● 接球人的跑動必須線上後起動，否則返回線後重新起動。

7 三角傳球

目 的

提高學生的傳接球動作速率和控制、支配球能力。

場地器材

籃球場 1 塊，或平整的空地 1 塊，籃球 6 個。

方 法

如圖所示，在場上畫兩個邊長為 4 公尺的等邊三角形，兩個三角形相隔約 3 公尺，把學生分為人數相等的兩隊，成兩列橫隊站立於兩個三角形之間中線的兩側，每隊再以三人為一組分為若干組。

遊戲開始，各隊第一組的三人各持一球，站在三角形的三個角上，同時按逆時針方向進行原地雙手胸前傳球，直到其中有一人失誤，立即換上第二組三人繼續進行（第一組三人均退下）。在規定時間內傳接球成功次數多的隊為勝。

規 則

- 必須用規定的傳接球方式進行傳接球。
- 必須在三角形的頂點上進行原地雙手胸前傳接球，

不准踩線或過線。

● 以一人一接一傳算一次計算成功次數。

教學建議

● 此遊戲也可改為四個人傳四球（場地為正方形）、五個人傳五球（場地為五角形）、三個人傳兩球的方法進行比賽。

● 傳接球的距離和傳球方式可根據實際情況適當調整、變化。可以用「小紅帽」隔離墩。

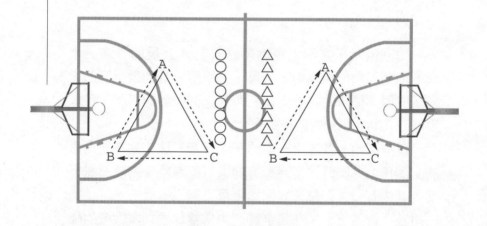

8 兩 傳 一 搶

目 的

使學生掌握隱蔽傳球技術，提高傳接球動作速率。

場地器材

籃球場 1 塊，或平整的空地 1 塊，每三人 1 個籃球。

方 法

如圖所示，把學生分為三人一組，其中兩人為傳球人，相距約 5 公尺相對而立，第三人站在兩人中間為搶球者。

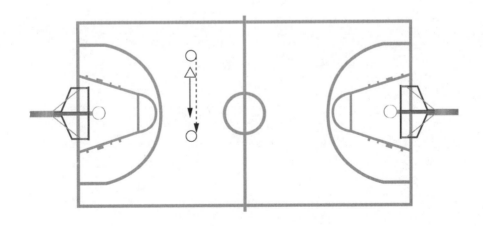

　　遊戲開始，兩名傳球人以各種方式相互傳接球，力求不讓中間的搶球者搶到球。位於中間的搶球者則以快速的移動搶截傳出的球。

　　如果其中一個傳球人的球被搶球者觸到，則該傳球人和搶球者互換角色繼續進行。

規　　則

　●防守者只要觸及球就算搶到球。

　●只能用各種隱蔽傳球方式進行傳接球，不得傳高球，否則算失誤。

　●只能在規定地點附近進行傳接球，不得運球躲避防守，否則算失誤。

　●傳球人不得拉大傳球距離，違者算失誤。

⑨ 三 傳 兩 搶

目　的

提高學生在對抗中傳接球的準確性和動作速率。

場地器材

籃球場 1 塊，或平整的空地 1 塊，五人 1 個籃球。

方　法

如圖所示，把學生分為五人一組，其中三人為傳球者，持一球並相隔 3～4 公尺成等邊三角形站立，其餘兩人

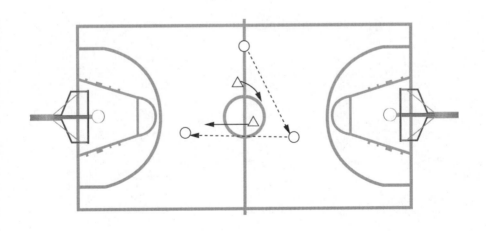

為防守者，位於三角形內準備搶球。

　　遊戲開始，外圍三人用各種方式傳球，不讓兩名防守人搶到球；兩名防守人則積極防守搶斷球，直到球被防守者搶到，傳接球失誤的人與兩名防守人互換攻防，繼續進行遊戲。

規　　則

　　●外圍三個傳球人不得拉大相互間的距離，但可以用運球避開防守人的搶球。

　　●可用任何方式傳球，但球在手中停留不得超過 5 秒。

　　●兩名搶球者只有把球搶到手才算有效。

教學建議

　　此遊戲可演變為：

　　●五傳三搶（八個人 1 個籃球）。

　　●六傳四搶（十個人 1 個籃球）。

⑩ 繞圈跑動傳球

目　　的

使學生學會在弧線跑動中，向側前方傳球的技術。

場地器材

籃球場地 1 塊，籃球 2 個。

方　　法

　　如圖所示，在籃球場地每個半場上畫一個半徑 4 公尺的圓。把學生分成人數相等的兩組，每組用一個圓。各組

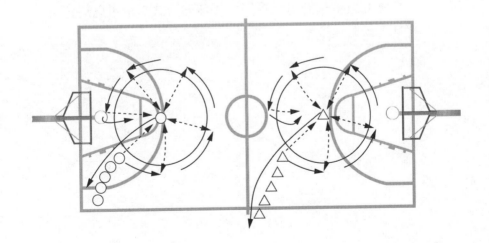

第一人站在圓心處傳接球，第二人持球站在圓圈上，其他人按順序排成一隊。

遊戲開始時，兩組的持球人開始傳球給圓心的隊員並繞圓跑動，邊跑動邊與圓心的隊員傳接球。當跑動到接近起點時，圓心的傳球隊員把球傳給起動的第三人後跑到隊尾，而剛才在圓圈上傳接球的隊員到圓心去傳球。

如此循環反覆，直到所有的學生都輪換完畢，先完成的組獲勝。

規　　則

● 跑動傳接球的隊員不得踏圈，圈內的人應始終站在圓心上旋轉。

● 順時針或逆時針傳球跑動都可以，但傳球過程中不准換方向。

教學建議

● 此遊戲教師可以規定傳接球的方式；也可以規定傳接球方式的順序。

⑪ 圓圈追傳球

目　的

提高學生的傳球速度和準確性，發展其觀察和反應能力。

場地器材

籃球場 1 塊，或平整的空地 1 塊，籃球 2 個。

方　法

把學生分為人數相等的甲乙兩隊，相互交錯並兩臂間隔距離站成圓圈，兩個籃球分別交給對稱站立的甲乙隊各

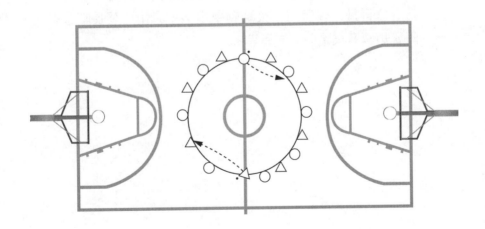

一名隊員手中。

　　遊戲開始,持球的隊員根據教師的口令「左」或「右」,同時向該方向同隊下一名隊員依次傳球,教師不斷改變方向,傳球方向也隨之不斷改變,直到一個隊的球追上另一個隊的球為止,追上的隊為勝。

規　　則

　　● 傳球時必須按教師規定的方向,依次進行,不得間隔傳球。

　　● 傳球失誤時必須由失誤人把球撿,起從失誤處繼續進行。

　　● 傳球中不得以任何方式干擾對方的傳球。

教學建議

　　● 可先規定一個固定方向傳,再變換方向。

　　● 也可規定傳球方式進行。

　　● 教師可採用不同的口令來組織學生,比如:變方向口令為奇數、偶數口令來調動學生;或者用一聲長哨音與兩聲短哨音來區分方向等等。

12 穿 梭 傳 球

目　的

　　訓練學生熟悉球性，提高原地傳接球的速度、準確性和動作質量。

場地器材

　　籃球場 1 塊，籃球 2 個。

方　法

　　如圖所示，把學生分為人數相等的兩隊，每隊又分為甲乙兩組，兩組間相隔 3～4 公尺，相向而立，每隊的甲組

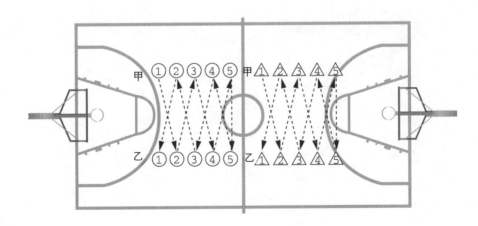

排頭隊員手持一個球。

　　遊戲開始，兩隊甲組排頭（甲 1）同時把球傳給本隊乙組第二人（乙 2），乙組第二人（乙 2）把球傳給甲組第三人（甲 3），甲組的第三人（甲 3）把球傳給乙組第四人（乙 4），如此反覆穿梭進行，球先返回排頭的隊為勝。

規　　則

　　● 只准用規定的傳接球方式進行傳接球，否則獲勝無效。

　　● 傳接球失誤，從失誤處繼續傳下去，否則獲勝無效。

教學建議

可規定以下傳球方式：

● 雙手胸前傳球。

● 單手肩上傳球。

● 體側傳球。

● 反彈傳球。

13 傳 接 球 接 力

目　的

使學生掌握傳接球基本動作方法和基本技能。

場地器材

籃球場 1 塊，籃球 4 個。

方　法

如圖所示，把學生分為人數相等的四隊，分別站立在
球場的邊線、端線、中線後，四隊分別面向各自的場內站

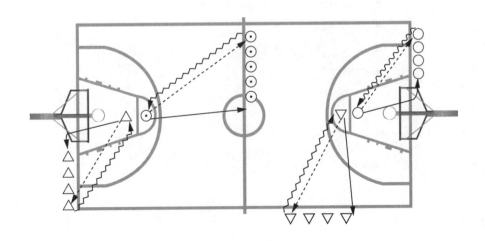

立，每隊各由一人手持一球面向本隊站立於罰球線兩側。

遊戲開始，持球者按規定動作把球傳給本隊第一人後，即跑回本隊隊尾，接球者接球後馬上持球至罰球線側，再按同樣的動作把球傳給本隊第三人，自己回到隊尾，如此循環下去，直至全隊每人做一次，先做完的隊為勝。

規　則

● 傳球或接球都不能越線，否則為犯規，必須重做一次。

● 傳接球失誤，由失誤者回到原處重做一次。

● 只能用規定的傳球方式進行傳接球，否則為違例，必須重做一次。

教學建議

可規定以下傳球方式：

● 原地或跳起雙手胸前傳球。

● 體側傳球。

● 原地或跳起單手肩上傳球。

● 勾手傳球。

14 長傳快跑

目　　的

使學生掌握單手肩上傳球技術，提高長傳球的準確性和快速奔跑接球上籃的能力。

場地器材

籃球場 1 塊，籃球 2 個。

方　　法

如圖所示，把學生分為人數相等的甲乙兩隊。每隊又分為 A、B 兩人一組的若干組。兩隊分別成橫隊站立於同

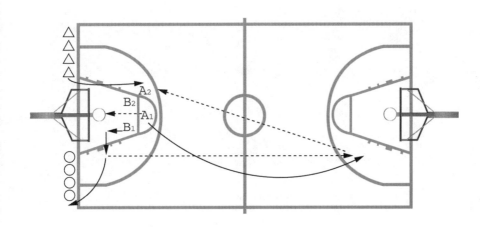

一端線後中點處的兩側，每隊一個球。

遊戲開始，兩隊第一組 A_1、B_1 兩人首先上場，A_1 先持球面向球籃，B_1 背向球籃面向 A_1 站立。

鳴哨後 A_1 把球拋向籃板，B_1 立即轉身跳起搶籃板球，在 B_1 搶到籃板球的同時 A_1 轉身起動，沿邊線側身向對側籃下快跑，接 B_1 的單手肩上長傳球，B_1 把球長傳給 A_1 以後可直接返回本隊隊尾，A_1 接到球後也立即用單手肩上傳球把球傳給已站到罰球線接球的本隊第二組的 A_2，A_2 和 B_2 用同樣方法進行長傳球。

如此反覆循環，直至每隊各組各做一次後遊戲結束，先完成的隊為勝。

規　則

● 雙方只准用單手肩上長傳球，不得運球或用其他方式傳球。

● 長傳球只有落在場內才有效，否則為傳接球失誤。

● 失誤或違反上述規定時，必須從失誤或違例處繼續，否則重做。

15 兩人傳球推進接力

目　　的

使學生熟練行進中傳接球技術，提高手腳協調性。

場地器材

籃球場 1 塊，籃球 2 個。

方　　法

把學生分為人數相等的兩隊，每隊又分為兩人一組的若干組站立於端線後，每隊一個籃球。

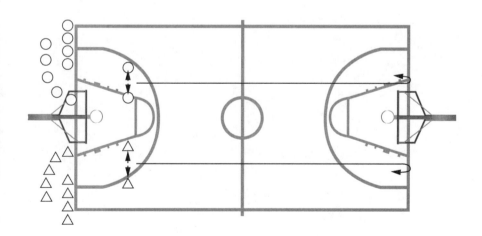

　　遊戲開始，各隊第一組首先起動，以兩人傳球的方式向前傳球推進至另一側端線（兩人各有一腳踩端線）即傳球返回，到原起點後以手遞手方式把球交給本隊第二組。

　　第二組以同樣方式傳球推進和返回。依此類推，直到全隊每組完成一次，先完成的隊為勝。

規　則

　●只能以行進間雙手胸前傳接球的方式傳球推進，否則判罰重做一次。

　●兩人傳接球次數不限，但不能走步或運球，否則判罰重做。

　●傳接球失誤時，要由失誤人把球拾回並從失誤處繼續推進。

16 中心球

目 的

發展學生快速、準確的傳接球技術。

場地器材

籃球場1塊，或平整的空地1塊，籃球2個。

方 法

把學生分為兩隊，各成圓圈站立，每隊設一個「中心人」持球站在圓圈中間。

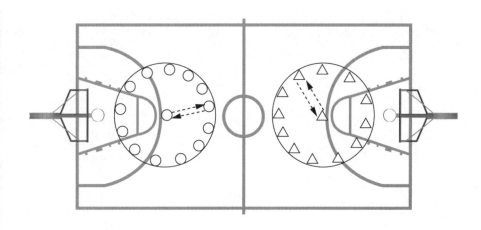

　　遊戲開始，「中心人」與圓圈上的隊員依次進行快速傳接球，以先結束的隊為勝。

規　　則

　　● 傳接球失誤時取消前面的次數，必須從頭開始新的傳接球。

　　●「中心人」與圓圈上隊員之間的傳接球只能依次進行，不得間隔進行。

　　● 只能用規定的傳接球方式進行傳接球。

教學建議

● 雙手胸前傳接球。

● 體側傳球。

● 單手肩上傳球。

● 反彈傳球。

● 雙手頭上傳球。

17 四角傳球比賽

目 的

提高學生在跑動中傳接球的能力和準確性。

場地器材

籃球場 1 塊，籃球 8 個。

方 法

如圖所示，把學生分為甲、乙兩隊，每隊用半個場地。甲、乙兩隊再分為 A、B、C、D 四個小組，站在半場

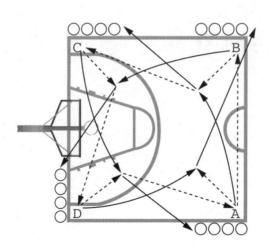

的四個邊角上成一路縱隊，排頭持球。

遊戲開始，各組持球人同時把球傳給下一組的第二人（即 A_1 傳 B_2、B_1 傳 C_2、C_1 傳 D_2、D_1 傳 A_2），並在向前跑動中接他的回傳球傳給對角一組的第三人，自己跑到該組隊尾；如此循環進行，直到其中一隊出現一次傳球失誤。先失誤的隊為負。

規　則

● 傳接球失誤，包括傳接球本身失誤、帶球走或運球等。

● 只准用側身跑，其跑動路線是弧線，不得跑直線。

教學建議

● 可先從一個球開始逐步增加到四個球。

● 可先讓隊員試做幾次再正式開始。

● 可雙方集中在半場內，輪流進行對抗賽。

● 可在同一半場內兩隊分先後進行，傳一次算一次成功次數，出現失誤重新計算。在規定時間內成功次數多的隊為勝。

18 四角直線傳球比賽

目　的

提高學生跑動中傳接球技術。

場地器材

籃球場半場，每人 1 個籃球。

方　法

如圖所示，把學生分為甲、乙兩隊，先進行比賽的甲隊指定 A、B、C、D 四人徒手站在半場的四個角上，其餘人每人持一球站在 A 角的側後方；尚未輪到的乙隊則站在

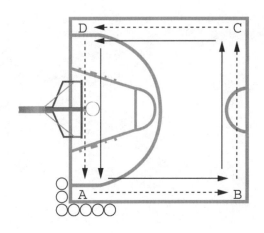

端線後做準備。

遊戲開始，甲隊第一人把球傳給站在角上的 B，B 接球後把球平托於手中，傳球人立即跑到 B 的面前急停、拿球，再迅速把球傳給 C，然後以同樣的方法把球傳 D、A，最後從 A 手中拿球後返回隊尾。

全隊連續進行，直至規定時間為止，計算該隊傳接球成功次數。然後換乙隊以同樣的方法進行傳接球。兩隊各進行一次後計算雙方傳接球成功的次數，多者為勝。

規　　則

● 四個角上的接球人不得傳球，只能把接到的球平托於手上讓同伴「拿」球。

● 以全隊（從排頭至排尾）無失誤通過四個角的傳接球為成功一次，如中途有一人失誤，則以該隊失誤處理。

● 失誤包括傳接球本身失誤、運球、帶球走等。

19 綜合傳球比快

目　的

提高學生快速移動中的傳接球能力。

場地器材

籃球場 1 塊，籃球若干個。

方　法

如圖所示，以球場縱軸把球場劃分為左、右兩側。把

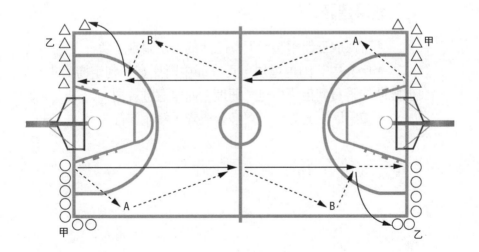

學生分為人數相等的兩隊各站一側。再把每隊分為甲、乙兩組，每組面向場內站立於球場兩端線後，兩隊的甲組第一人手持一球。每隊選出 A、B 兩人為傳球人，分別站立於兩罰球線所對應的邊線上。

遊戲開始，兩隊甲組排頭首先把球傳給 A，向前跑進並接 A 的回傳球再把球傳給 B，接 B 傳球後向前跑動中把球傳給本隊乙組排頭隊員後返回乙組隊尾。由乙組排頭接甲組傳球後向回做上述練習。

如此反覆進行，先完成的隊為勝。

規　則

● 傳接球中不得運球、走步或兩次運球，否則視為失敗。

● 傳接球失誤，允許撿起球繼續進行，但必須在發生失誤地點繼續，否則無效。

教學建議

● 可採取三盤兩勝或五盤三勝的方法確定勝負。

● 比賽中若出現違規，可立即中斷比賽，判定勝負；但此時的勝負判定不再是「速度」而是遊戲規則。

● 如果學生人數多，可多分幾隊，輪流進行。

20 端 線 籃 球

目　　的

提高學生快速移動中的傳接球能力。

場地器材

籃球場 1 塊，籃球 1 個。

方　　法

在距球場端線約 1 公尺的地方各畫一條與端線平行的直線，該線與端線共同構成雙方的「禁區」；雙方各派一名隊員站在對方「禁區」內為接球人，另派一名隊員在本

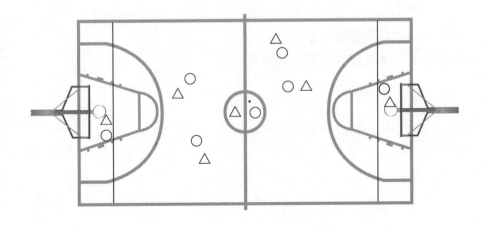

方「禁區」內為防守人。

　　遊戲開始時，把學生分為人數相等的兩隊，雙方各派一人在中圈跳球，其餘隊員分散在場內。

　　接到中圈跳球的隊為進攻隊，他以快速傳接球向對方禁區推進，並設法把球傳給站在對方「禁區」內的同伴，對方位於此「禁區」的防守人則全力阻撓對手接球。

　　「禁區」內的接球人接到球得 1 分，由對方在端線外重新組織進攻。若進攻方失誤，則攻守轉換。如此攻防交替，直到規定時間為止，得分多的隊為勝。

規　　則

　　● 只准傳球不准運球，否則判給對方擲界外球繼續比賽。

　　● 不得用高拋球的方法把球直接拋給接球人，否則得分無效。

　　● 雙方接球人和防守人均不得離開「禁區」，雙方其他隊員也不得進入「禁區」，否則違例。若一方違例，由對方在就近邊線外擲界外球繼續比賽。若雙方違例，則在中圈跳球繼續比賽。

　　● 其餘執行籃球競賽規則。

教學建議

　　● 此遊戲參加人數不宜太多，每隊 7～8 人為宜。

21 連 續 跳 傳 球

目　　的

提高學生跳起在空中傳接球的能力。

場地器材

籃球場 1 塊，籃球 2 個。

方　　法

把學生分為人數相等的兩隊，兩隊各成縱隊相隔 3～5 公尺並排站立。每隊又分為甲、乙兩組，兩組又各成縱隊

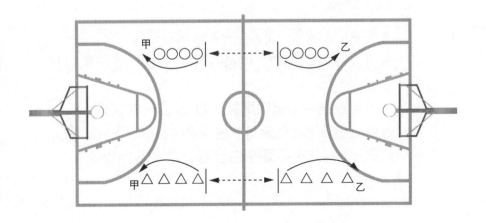

相對而立，其中甲組排頭持一球，在兩組間相距約兩公尺的地方畫一條橫線。

遊戲開始，甲組的排頭隊員跳起把球傳給對面乙組同伴，然後自己跑至本組隊尾；乙組排頭跳起在空中接甲組排頭傳來的球，並在空中把球傳給甲組第二名隊員，以後按隊伍順序逐一進行。

在規定時間內，以在空中連續傳接球次數多或不出現失誤的隊為勝。

規　則

● 只能跳起在空中傳接球，否則為違例；每出現一次原地接球或傳球，則在該隊跳傳累加次數中扣除 5 次。

● 不得越過橫線做跳傳，否則為違例；每出現一次越線跳傳，則在該隊跳傳次數中扣除 5 次。

● 傳接球失誤可拾起球後繼續跳傳，但其計算必須從頭開始，此前的累加次數取消。

教學建議

● 若學生人數多，可多分幾隊，同時開始。

● 可改為隊員跳傳後，直接跑到本隊另一組隊尾的方法。

● 也可改為在各組隊尾後方約 10 公尺處放置一標誌物，此距離由教師（教練員）視學生具體情況而定。學生每次跳起接、傳球後必須繞過此標誌物方能排回隊尾。

22 雙手胸前傳接球比多

目　　的

提高學生雙手胸前傳接球的能力。

場地器材

兩人 1 個球。

方　　法

如圖所示，把學生分成兩人一組的若干組，相隔 3～4 公尺面對面站好，其中一人拿球。

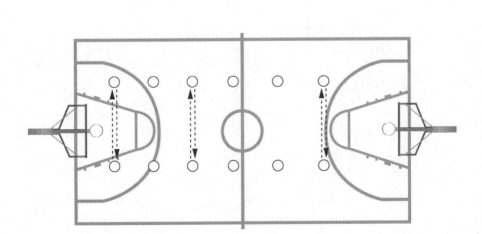

遊戲開始時，以雙手胸前傳接球的方式傳球。只計成功次數，各組之間相互比賽。

在規定時間內傳球次數多的組獲勝。失敗的一組做俯臥撐或蹲起 10 個。

規　　則

● 必須按規定的傳球方式，雙手胸前傳接球（或擊地傳球、單手體側傳球等）。

● 成功的一接一傳才能計數 1 次。

教學建議

● 此遊戲應該在學生已掌握正確傳接球動作的基礎上進行，避免由於求快而破壞了正確的傳接球動作。

23 四人傳接球比多

目 的

提高學生傳接球的準確性和傳接球成功率。

場地器材

每四人 2 個球。

方 法

如圖所示，把學生分成四人一組的若干組，組中每人相隔 3～4 公尺面對面站成方形。對角線上的兩人各拿一個球做好傳接球的準備。

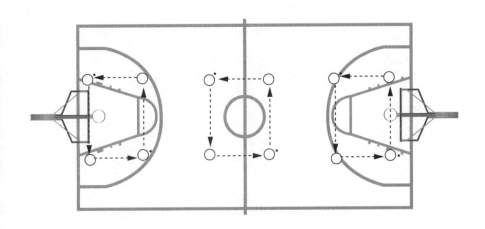

　　遊戲開始時，持球的兩人同時按照規定的方向（順時針或逆時針）傳球，傳球後轉身準備接另一方向傳來的球，接到球以後再把球傳給接自己球的人，如此反覆傳接球。在規定的時間內，傳接球失誤的組為敗；傳接球次數多的組為勝。

規　　則

　　●必須按照規定的傳接球方法進行傳接球，否則算失敗。

　　●必須在規定時間內傳接球不失誤的基礎上才有獲勝的機會。

24 傳球追趕

目 的

提高學生快速傳接球的能力及傳接球的準確性。

場地器材

籃球 12 個。

方 法

把學生分成人數相等的兩隊,如圖所示站立,排頭腳下各放置 6 個籃球。

遊戲開始時,排頭用雙手胸前傳接球的方法依次將 6

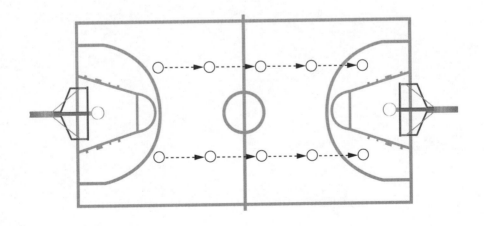

個球傳給下一位同學，其他同學依次傳球給下一位同學，直到隊尾結束。

在不失誤的前提下，以先傳完所有球的隊獲勝。

規　則

● 必須按規定的傳球動作（雙手胸前傳接球、單手擊地傳球、單手體側傳球等）傳接球。

● 在傳球過程中不失誤才有機會獲勝。

教學建議

● 此遊戲應該在學生已掌握正確傳球動作的基礎上進行，避免由於求快而破壞了正確的傳球動作。

● 若學生人數過多，可分若干組同時進行。

25 長傳快攻

目　　的

提高學生長傳球的準確性和快速奔跑後接球的能力。

場地器材

籃球場 1 塊，籃球 1 個。

方　　法

如圖所示，把學生分成人數相等的兩隊，站立於同一端線後中點處的兩側。

遊戲開始時，進攻隊首先上場兩名隊員分別站在罰球

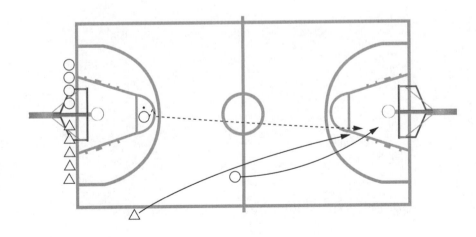

線與中線處，作為長傳快攻的傳球與接球隊員。另一隊則上場一名為防守隊員，站在罰球線的延長線與邊線的交點處。聽到開始的哨音後，位於罰球線上的傳球隊員立刻傳球給從中線出發的接球隊員，而防守的隊員則立刻追防接球隊員，來干擾或搶斷長傳過來的球。

能夠傳接成功即為完成一次長傳快攻。最終以成功傳接次數的多少來判定遊戲的輸贏。

規　則

● 雙方只准用單手肩上傳球，不得用其他方式傳球。

● 長傳球只有落在場內才有效，否則為傳接球失誤。

● 起動的時間必須是在哨響後，不得提前起動。

26 三人傳球推進接力

目　　的

使學生熟練行進中傳接球技術，提高手腳的協調性。

場地器材

籃球場地 1 塊，每三人 1 個球。

方　　法

如圖所示，把學生分為三人一組的若干組，站在同一端線後。中間的人持球做好準備。

遊戲開始，三人同時起動，持球人把球傳給左側的隊

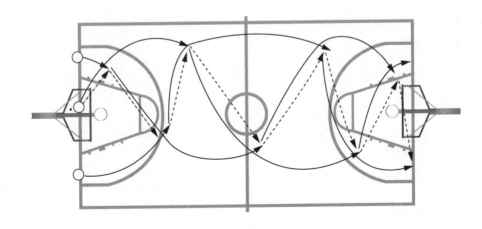

員並從其身後繞過向前推進，左側的隊員接球後向右前方跑進的同時把球傳給右側上來的隊員，並從其身後繞過向前推進。右側的隊員接球後向左前方跑進，並把球傳給左側接應的隊員。依此方式循環推進到對面端線。三人的推進路線呈「8」字形狀。用時最短的組獲勝。

規　　則

● 傳接球過程中出現失誤，必須從失誤處重新開始傳接球推進。

● 傳接球過程中出現走步違例的組即為失敗。

教學建議

● 教學過程中，教給學生方法時注意此練習的規律，就是「傳給誰球就要從誰的後面繞過」。

● 此遊戲也可以分成兩隊以比賽的方式進行，失誤少的隊獲勝。

27 四人傳球推進接力比賽

目　的

使學生熟練行進中傳接球技術，提高手腳配合的協調性。

場地器材

籃球場地 1 塊，籃球 2 個。

方　法

如圖所示，把學生分成兩隊，每隊又分兩組，站在同一端線後。

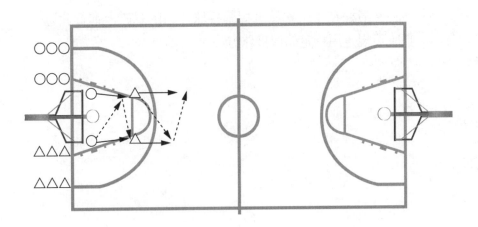

　　兩隊的隊員其中一人拿球，做好傳球的準備，聽到遊戲開始時，兩隊同時用規定的動作進行行進間的傳接球，向對面的端線傳球推進，在出對面端線前，後面的隊在成功的傳接球基礎上，能夠追上前面的隊得 1 分，反之前面的隊積 1 分。

規　　則

　　● 雙方必須以規定的動作傳接球（胸前傳接球、背後傳球等）。

　　● 追傳得分的前提必須是在傳接球成功的基礎上。

　　● 如果傳接球失誤，必須在失誤處傳接球起動，否則為對方加 1 分。

　　● 阻礙了後面組的行進即為被追到，或「追逐者」用手輕觸對方的身體也視為追到對方。

　　● 必須在哨響後起動，不得提前起動。

教學建議

　　● 最好在學生熟練掌握傳接球技術的基礎上進行此遊戲，可規定用特定的傳接球方法。

28 障礙傳球比賽

目　的

提高學生快速移動中的傳接球能力。

場地器材

籃球場地 1 塊，籃球 1 個。

方　法

如圖所示，把 12 個障礙物（比如小紅帽）錯落地擺放在場地上。學生分成人數相等的兩隊，每隊再分為兩人一組的若干組。站在籃球場的兩端線外準備好。

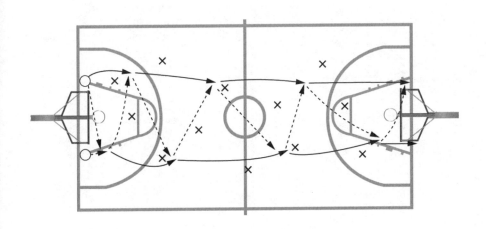

　　遊戲開始時，兩人胸前傳球推進，經過障礙時繞過障礙，並且傳接球推進不失誤，到達對面的端線為成功地完成一組，為本隊加 1 分。把球交給另一隊的第一組以同樣的方法返回。最後積分多的隊獲勝。

規　　則

　　●傳球推進過程中，必須繞過障礙物，踢倒障礙物為失敗，不得分。

　　●傳球推進過程中，不失誤才能夠得分。

　　●傳球推進過程中，必須以規定的動作傳接球，否則不能得分。

教學建議

　　●此遊戲判定名次的方法可以改為以用時少的隊獲勝。

29 兩人傳三球

目 的

提高學生快速反應和手對球的控制能力。

場地器材

籃球場 1 塊，兩人 3 個籃球。

方 法

將全隊分成兩人一組的若干組，相距 4～5 公尺，面對面站立。兩人用 3 個球做原地的單手體側傳接球，要讓球不停地運轉，直到完成規定的時間。

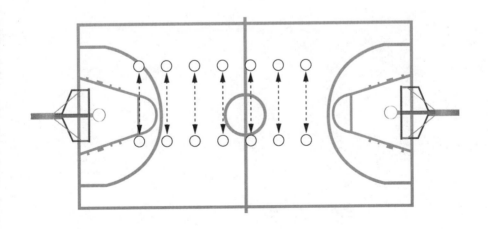

累計其傳球次數,次數多的組為勝。

規　　則

●計算傳球次數以開始手持兩球的隊員傳球次數為準。

●3個球要始終保持運轉,不能有明顯的停頓。

●傳球失誤時從失誤處繼續累計次數。

教學建議

●此遊戲適用於有一定技術水準的隊員。

●可根據球的數量,幾個組同時開始或單個組進行。

30 換位傳接球

目　的

提高快速移動換位傳接球的能力。

場地器材

籃球場地 1 塊，籃球 1 個。

方　法

如圖所示，把學生分為四人一組的若干組，每組兩個球，成四方形面對面站立，間隔相距 4～5 公尺。①和②各持一球，③和④站在對面。

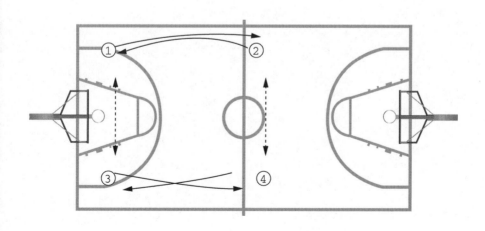

　　遊戲開始時，③和④交叉換位，並接①和②傳來的球，而①和②傳完球後也同樣做交叉換位，再接③和④的回傳球。如此反覆地繼續下去，直到完成預先規定的時間或次數為止。在規定的時間內傳球次數多的組獲勝；或先完成規定的傳球次數的組獲勝。

　　在遊戲進行中要大聲數出傳球次數，同時要注意互相換位時，避免發生碰撞。

規　　則

- 計算次數方法以移動者的一傳一接為一次。
- 如傳接球失誤，從失誤處重新計算。

第二章

運 球

31 起 動 追 拍

目　　的

發展學生快速運球起動和直線運球速度,培養其抬頭運球習慣。

場地器材

籃球場 1 塊,每人 1 個籃球。

方　　法

把學生分為人數相等的甲、乙兩隊,成橫隊站立,面向另一側的端線。

甲隊站立於球場端線上,乙隊站立於距離端線約 1.5公尺處,隊員之間相隔一臂左右。

遊戲開始的信號發出後,兩排隊員同時快速運球起

動,甲隊力爭在乙隊跑出另一端線前用手觸拍到對方,乙
隊則以最快速度向另一端線外跑去,不讓甲隊隊員觸拍
到;然後在另一端線雙方互換前後位置再次進行追拍,一
個回合後計算雙方被追拍到的隊員人數,被追拍到人數少
的隊為勝。

規 則

● 只能在球場內進行,跑出球場邊線視為被追拍到。

● 追拍者的一手觸拍到對方身體的任何部位都算拍
到。

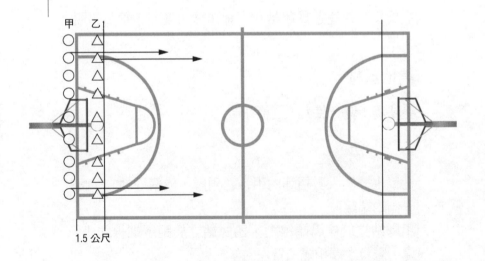

32 前後反追逐

目 的

提高學生行進間快速運球,以及運球急停、轉身的能力。

場地器材

籃球場 1 塊,每人 1 個籃球。

方 法

學生均勻地站立在球場的四周,每人手持一個籃球。

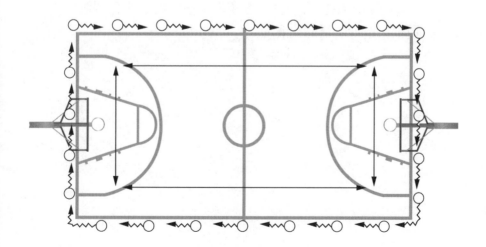

遊戲開始，全體學生按順時針方向沿球場的界線運球快跑，後面的隊員力求「抓住」前面的人。

當聽到教師鳴哨後馬上運球急停、轉身，沿球場界線做逆時針方向運球快跑，原來在後面的隊員變成在前面的隊員，反「抓」原來在後面的人。

如此反覆進行，以被抓到的次數少者為勝。

規　　則

●不管向哪個方向跑動，都只能沿球場的界線進行，否則算抓到。

●後面人的手觸摸到前面的人，即為「抓住」到。

●若後面的人抓到前面的同伴但運球失誤，則「抓住」無效。

教學建議

●如果人多球少，可分為幾隊輪換進行。

●如果參加的學生人數多，可把球場上的各個圓圈都用上，進行同樣的比賽。

33 運球追逐

目 的

提高學生行進間的運球技術，發展運球時手、腳、眼的協調能力。

場地器材

籃球場 1 塊，每人 1 個籃球。

方 法

學生甲乙兩人一組各運一球分散於球場內任意運球跑動，教師吹一聲長哨為甲追乙，兩聲短哨為乙追甲。

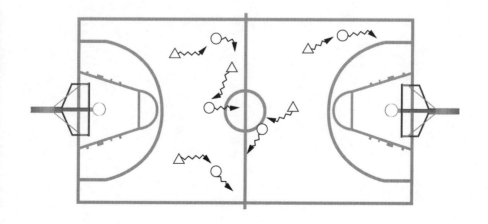

遊戲開始，隨著教師哨聲的變換，甲乙兩人在場內反覆進行追逐與反追逐。追到對方並用手輕拍對方後背得 1 分，在規定時間內得分多者為勝。

規　　則

● 只有運著球追到對方並拍到對方後背才得分，若追到對方時運球失誤，或拍到對方身體其他部位則無效。

● 雙方在運球時要隨時注意躲閃其他人的運球，以免發生碰撞，一旦發生碰撞而被對方拍到算有效。

教學建議

● 可改為在個人得分基礎上計算全隊得分，得分高的隊為勝。

● 如參加的人數多，可分為幾隊輪流進行。

③④ 死 球 拍 活

目　　的

發展學生手指、手腕拍按球的能力。

場地器材

籃球場 1 塊，每人 1 個籃球。

方　　法

如圖所示，把學生分成人數相等的兩隊成橫排相對而立，每人面前放一個籃球。

遊戲開始，兩排學生同時下蹲用最快速度把放在地上

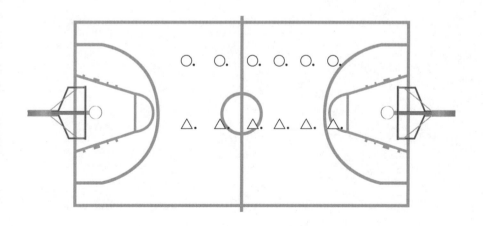

的「死」球拍「活」，並成原地高運球姿勢站立，在規定時間內站起來人數多的隊為勝。

規　　則

● 只能用手指、手腕的力量快速拍按球，使球變「活」，不得把球拿起來。

● 把球拍「活」的隊員不得為其同伴幫忙。

● 不得以任何方式干擾對方拍「活」球。

● 違反上述規定者為犯規，凡犯規者判其失敗。

教學建議

● 如果參加遊戲的人數多、或無法做到每人 1 個籃球，可把參加遊戲的人按球數分成若干個小組，採用淘汰的方法進行對抗。

35 運球相互拍打

目 的

幫助學生熟悉球性，提高控制、支配和保護球的能力。

場地器材

籃球場 1 塊，每人 1 個籃球。

方 法

全體學生人手一球分散於半場（或三分線）內，運球並隨時伸手拍打周圍運球人的球，同時注意保護好自己的

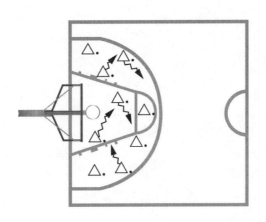

球。凡拍打到其他人的球者得 1 分，持續 2～3 分鐘後統計各人得分，分數多者獲勝。

規　　則

●只准在規定區域內相互拍打，否則算自動退出比賽。

●計分辦法：拍打到其他人的球一次得 1 分，被其他運球人拍到失 1 分。

教學建議

●可進行幾個 2～3 分鐘，以提高遊戲的難度。

●可用每局淘汰最後 3 或 4 名得分最低的隊員出局的方法，以增加遊戲的競爭性。

36 運球拍打比賽

目 的

幫助學生熟悉球性，提高控制、支配和保護球的能力。

場地器材

籃球場 1 塊，每人 1 個籃球。

方 法

全體學生人手一球分散於半場（或三分線）內，2～3人一組邊運球邊相互拍打，自己運球並隨時伸手拍打周圍

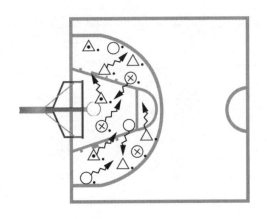

對方的球，同時注意保護好自己的球不被別的運球人拍打。同伴可以相互提醒，也可以組織戰術。

凡拍打到其他隊員的球本組得 1 分，持續 2～3 分鐘後統計各組得分，分數多者獲勝。

規　則

● 只准在規定區域內相互拍打，否則算自動退出比賽。

● 計分辦法：拍打到其他組員的球一次得 1 分，被別人拍打到一次失 1 分；統計時把得分減去失分計算本組得分。

教學建議

● 可進行幾個 2～3 分鐘。

● 可事先對失敗的隊訂出罰則，比如罰做俯地挺身等。

③⑦ 迎面運球接力比賽

目　的

使學生掌握行進間運球技術，發展其運球速度。

場地器材

籃球場 1 塊，籃球 2 個。

方　法

把學生分為人數相等的甲乙兩隊，每隊又分為 A、B

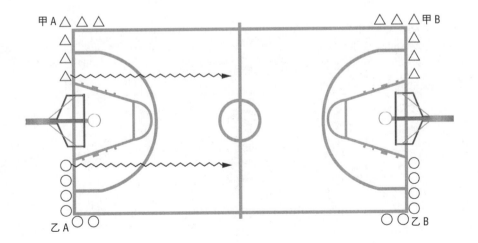

兩小組，兩隊的兩組面向場內分列於兩端線後站立。兩隊的 A 組排頭先持一球。

遊戲開始，持球隊員首先把球運至對側端線，以手遞手方式把球交給本隊 B 組第一人，然後自己排到該組末尾；B 組第一人接球後又迅速直線運球至對側端線把球手遞手交本隊 A 組第二人。如此循環直到全隊每人完成一次，先完成的隊為勝。

規　則

● 交接時只能用手遞手交球的方法，否則為犯規。

● 運球失誤時必須把球撿回從失誤地點重新再運，否則為犯規。

● 犯規者必須再進行一次運球接力，否則該隊為輸者。

38 直線運球接力比賽

目 的

提高學生運球應變能力和運球急停、轉身動作的準確性。

場地器材

籃球場 1 塊，籃球 2 個。

方 法

把學生分為人數相等的兩隊，面向場內站立於球場端

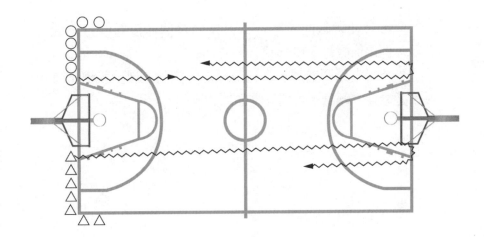

線外，兩隊排頭各持一球。

　　遊戲開始的信號發出後，兩隊排頭迅速起動，向對側端線快速運球推進。運至端線時（一腳踩線）立即轉身返回，到原出發點時把球手遞手交給第二名隊員，第二名隊員繼續進行。

　　如此循環至全隊每人完成一次，先完成的隊為勝。

規　　則

　● 運球隊員必須有一隻腳踩到另一端端線才能返回，否則罰其在該隊最後重做一次。

　● 只能用手遞手的方法交接球，否則罰其在最後重做一次。

　● 運球失誤時，失誤隊員必須把球撿回到失誤處重新再運，否則罰其最後重做一次。

　● 凡出現兩次運球者，必須在最後重做一次。

教學建議

　● 參加遊戲的人數多，可多分幾個隊按同樣方法進行，但要保證每隊用一個球。

　● 可在返回處放一立柱為標誌，隊員運球至該標誌時不必急停、轉身，可運球繞過標誌返回。

39 變向運球接力比賽

目 的

提高學生快速移動中變向運球的能力。

場地器材

籃球場 1 塊，籃球 2 個。

方 法

如圖所示，把學生分成人數相等的兩隊，分別面向場內站在同一端線上，排頭各持一球站在場角上。

遊戲開始，從排頭起每個隊員依次按圖示路線用體前

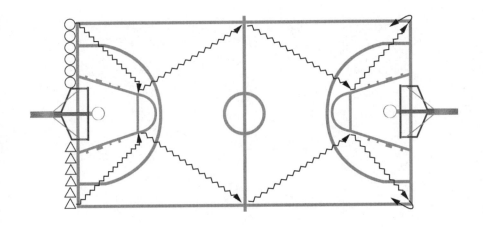

變向的運球方法，快速變向運球，返回時仍按原路線和方法進行，並以手遞手的方式把球交本隊的下一隊員，直至全隊每人完成一次，以速度快的隊為勝。

規　則

● 運球變向地點必須有一隻腳踏入罰球圈、踏到邊線中點、前場場角，才能繼續向下一地點運球前進，否則罰其在本隊最後再做一次。

● 交接球必須以手遞手的方法進行，否則罰其在本隊最後再做一次。

40 運球折返跑比賽

目　的

提高學生在快速運球中變換動作和控制球的能力。

場地器材

籃球場 1 塊，籃球 2 個，標誌物（小紅帽）8 個。

方　法

如圖所示放標誌物。把學生分為人數相等的兩隊位於無標誌物的端線後，面向場內站立，排頭持一球。

遊戲開始，兩隊從排頭開始，依次運球到每個標誌物

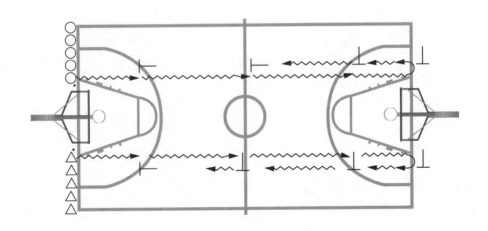

並用單手把標誌物碰倒。運球返回時，再將碰倒的標誌物扶起，然後回到原出發點，用手遞手的方式把球交給下一個同伴。如此循環直到全隊每人完成一次，先完成的隊為勝。

規　則

● 無論是碰倒標誌物還是扶起標誌物，都必須一手做低運球、另一手碰或扶標誌物，其他的同伴不得幫忙，否則罰其最後重做一次。

● 運球返回起點時，必須用手遞手方式把球交給下一名隊員，否則罰其在最後重做一次。

● 運球中出現失誤時，必須從失誤處重新開始，否則罰其最後重做一次。

41 見線折返運球

目 的

提高學生快速運球中急停、急起及控球的能力。

場地器材

籃球場 1 塊，人手 1 球。

方 法

如圖所示，在籃球場的端線上間隔 2 公尺每人持一個球站好，在教師發出口令後，運球起動至半場罰球線急停，轉身運球返回端線，再急停轉身運球前進到中線，如

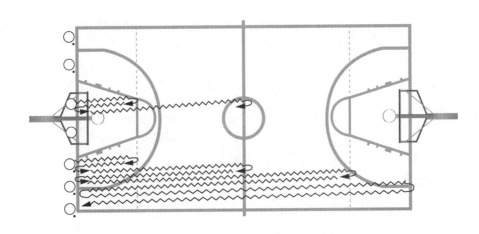

此依次再到另一罰球線、另一端線返回，共 4 次折返。

在最後一次運球返回時，最後一個到達終點的運球人為失敗者，在端線後做 10 個俯地挺身作為懲罰。

規　　則

● 運球時不准違反規則，如走步、兩次運球等。

● 運球到達折返線時，必須有一隻腳踩到線才能運球返回。

● 違反上述任何一條規則都算做失敗者，並受相同的處罰。

42 運球突破接力比賽

目 的

有針對性地提高學生的運球技術動作質量。

場地器材

籃球場 1 塊，籃球 2 個，標誌物 4 個。

方 法

如圖所示，在場地上放 4 個標誌物，把學生分為人數相等的兩隊，面向標誌物在同一端線後站立，排頭持球。

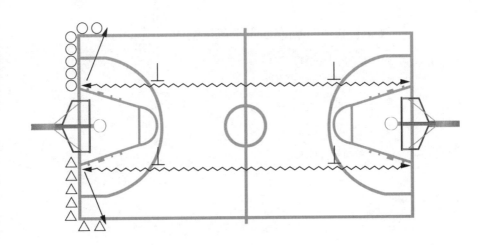

遊戲開始，從排頭起每名隊員按圖示路線依次把球運至標誌物，並以規定動作做運球突破，返回時仍按原路線和動作進行，並以手遞手方式把球交給下一名隊員，直至全隊每人完成一次，以完成速度快的隊為勝。

規　則

● 必須按規定要求在標誌物前運球突破，否則罰其在最後重做一次。

● 必須以手遞手的方式把球交給下一名隊員，否則罰其在最後重做一次。

● 運球至前場後必須有一隻腳踩端線才能折回，否則罰其最後重做一次。

教學建議

● 可以把多個運球動作綜合起來，例如，出發後可以運用運球急停、急起，返回時用體前變向或運球後轉身等等。

● 可以以下列動作為規定運球動作：

　　——運球急停、急起；

　　——體前變向運球；

　　——運球後轉身；

　　——胯下運球；

　　——背後運球。

43 胯下運球接力

目　　的

提高學生控制球的能力，改進胯下運球技術動作。

場地器材

籃球場 1 塊，籃球 2 個。

方　　法

把學生分為人數相等的兩隊，面向場內站立於同一端線外，端線上各放一個籃球。

遊戲開始，兩隊排頭從原地用單手把地下的球拍起，

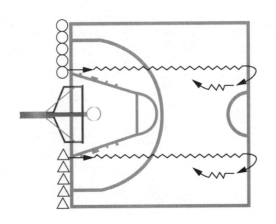

然後向前運球，但每向前運一次必須做一次胯下運球，運至中場有一隻腳踩到中線時再以同樣方法返回，把球在端線上放穩。

下一名隊員以同樣方法照此進行，直到全隊每個人做一次止，以速度快的隊為勝。

規　則

● 每向前邁一步都必須做一次胯下運球，可左右手交替但不准漏做。

● 運球失誤必須從失誤處重新做起。

● 必須有一隻腳踩到中線才能返回。

44 沿圈運球追逐

目 的

提高手腳協調配合、腳步移動和行進間控制球的能力。

場地器材

籃球場 1 塊，籃球 6 個。

方 法

如圖所示，兩人一組，每人一球，按順時針（或逆時針）路線運球相互追逐，追上得 1 分。然後恢復到原來位

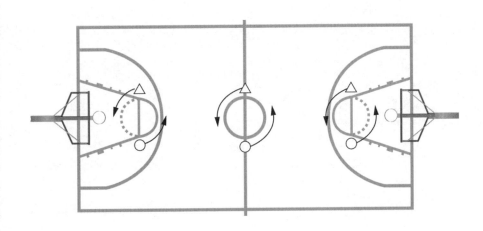

置上，換另一隻手運球追逐，重複這樣的練習。在規定時間內，得分多者為勝。

規　則

● 運球追逐者只能在圈外運球，不得踩線或進入圈內；凡出現一次踩線或進入圈內則算被對方拍到一次。

● 必須用遠離圈的外側手運球，隊員所運的球不能進入圈內。

● 運球失誤時必須把球撿回來在失誤處繼續，此時追到對方的人無效。

45 相向躲閃運球

目　　的

訓練學生運球靈活躲閃及應變能力。

場地器材

籃球場地 1 塊，籃球若干。

方　　法

在每半場畫一個直徑 8～10 公尺的圓圈。把學生分成偶數且人數相等的兩組，圍繞圓圈間隔 3 公尺面對面持球站好。同組的隊員應是同方向（順時針或逆時針）。

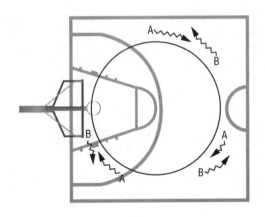

　　遊戲開始時，兩組的學生分別開始繞圈運球跑動，在兩組學生第一次相遇時，各向左側運球躲閃；第二次相遇時，各向右側運球躲閃。依此連續運球躲閃前進。跑 3 圈後失誤少的一方獲勝。

規　　則

● 奔跑時躲閃的方向不得錯誤，也不得踏入圓圈。

● 運球 3 圈後每人仍回到原來的位置，失誤少的一方獲勝。

教學建議

● 此遊戲可以由無球過渡到每人持一個球進行。

46 繞三圈運球追逐

目　的

提高曲線運球變向能力，擴大運球時的視野。

場地器材

籃球場 1 塊，籃球 2 個。

方　法

如圖所示，把學生分為人數相等的兩隊，各成橫排面向場內站在球場兩邊線外。

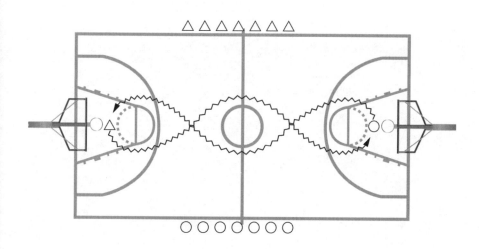

　　遊戲開始，兩隊的第一名學生各持一球進入場內，分別站在兩罰球圈的虛線上（補全罰球圈）。教師發出開始信號後，兩人迅速運球起動繞場上三個圓圈相互追逐，在規定時間內追上對方者，得1分；若在規定時間內雙方都未追上對方，均不得分；無論追上與否，規定時間到後雙方換人繼續比賽；直到全隊每名隊員都進行一次後，計算雙方得分，積分高的隊為勝。

規　則

　　●運球時不得踩圈線，更不能進入圈內，否則判對方得1分。

　　●雙方必須按同一方向繞三個圈成兩個「8」字形運球快跑，否則判對方直接得1分。

　　●後面的隊員輕拍前面的隊員為「追上」，前面的隊員不得故意離開圓圈來躲避對方的追拍，否則判對方得1分。

47 繞圈「8」字運球追逐

目　的

提高學生曲線運球變向的能力，擴大運球時的視野。

場地器材

籃球場 1 塊，籃球 3 個。

方　法

如圖所示，把學生分為人數相等的三隊，成三列橫隊
站在場上同一邊線外。

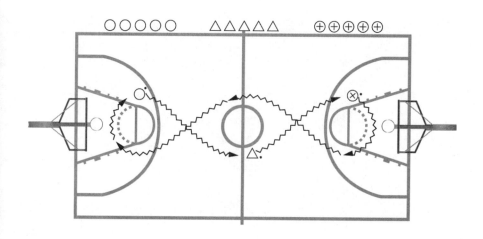

　　遊戲開始，每隊各出一名隊員分別站在場地上三個圓圈的線外，三人按同一方向繞這三個圈連續做「8」字形運球跑動，相互追逐，在規定時間內（20～30 秒）追到對手的隊員為本隊得 1 分；然後換上各隊第二名隊員進行同樣的追逐，直到遊戲結束，得分多的隊為勝。

規　　則

　　●繞圈「8」字運球時不得踩線，否則觸拍到對方無效。

　　●必須按規定路線追拍，三人在交叉時相互觸拍到對方無效。

　　●手觸及對方即為觸拍到。

48 運兩球接力

目　的

發展和提高學生控制球能力。

場地器材

籃球場 1 塊，籃球 4 個。

方　法

把學生分為人數相等的兩隊，成縱隊站在同一端線外，面向場內，排頭手持兩個球。

遊戲開始，排頭隊員左右手各運一個球到中線，然後

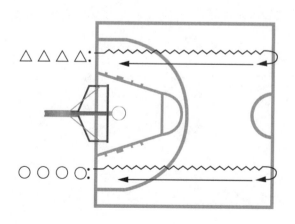

把兩個球放在地上，擦地面推回，推球時手不離球、球不離地。

返回端線把球交給下一名隊員，照上述方法繼續進行，直至全隊做完，以速度快的隊為勝。

規　則

● 運球時，如有一球滾離，必須撿回從失誤處繼續運兩球，實際運球距離不能減少，否則罰其重做。

● 必須有一腳踩中線才能返回，否則罰其重做。

● 返回推球時雙手均不能離球，兩球均不能離地，否則罰其重做。

49 運一球滾一球

目 的

提高學生的運球技術，發展其下肢力量。

場地器材

籃球場 1 塊，籃球 4 個。

方 法

把學生分為人數相等的兩隊，各成縱隊面向場內站在同一端線後，兩隊的排頭兩手各持一球。

遊戲開始，持球者用一手運球，另一手推滾球前進，

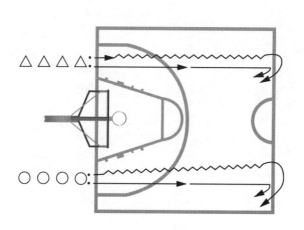

至中線後返回，把球交本隊下一人，然後回到隊尾。以後依次而為，直到全隊完成，以先完成的隊為勝。

規　則

●左、右手運球均可，但另一隻手推滾球時，必須保持球在身邊，球不離地，手不離球，否則運球無效，罰其重做一次。

●運、滾球時必須有一隻腳踏上中線才能返回，返回時必須有一隻腳踏上端線方能把球交給下一個人，否則該次運球無效，罰其重做。

教學建議

●此遊戲可改為設置幾個標誌物，進行曲線運球、滾球。

●此遊戲也可規定用弱手運球，以提高左、右手運球能力。

50 運一球「耍」一球

目　　的

熟悉球性，提高運球的技術。

場地器材

籃球場 1 塊，4 個球。

方　　法

把學生分為兩組在端線站好，兩組第一名手持兩球。

遊戲開始時，運一個球前進的同時，另一隻手上下拋接另一個球，運球到中線後再以同樣的方法運球返回，手

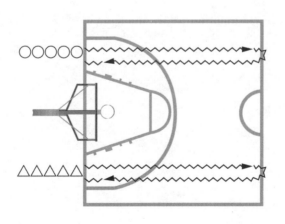

遞手交給下一個人繼續。直到全隊完成，先完成的隊獲
勝。

規　則

- 必須有一隻腳踩到中線才能返回。
- 必須是手遞手交球方法。
- 運球失誤，拋接球失誤都要從失誤處重新開始。
- 違反上述任何一條，罰其在隊尾再做一次。

51 穿梭運球

目　的

幫助學生改進變向運球技術，提高控制球的能力。

場地器材

籃球場 1 塊，籃球 2 個。

方　法

把學生分為人數相等的兩隊，每隊排尾手持一個籃球，隊員間相隔 2 公尺左右成縱隊站立，兩隊間相距 3 公尺左右。

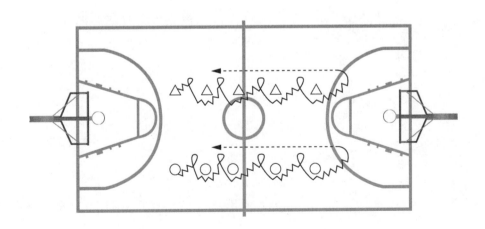

　　遊戲開始，排尾的持球隊員運用規定的變向運球技術，逐一突破本隊的每個人到達排頭，在距排頭隊員約 2 公尺處站立，然後把球從地下滾回隊尾第二人，第二人以同樣方法再把球滾給排尾第三人，直至全隊每人完成一次，先完成的隊為勝。

規　　則

　●只能用規定的變向運球動作突破每個人，否則罰其重新運球一次。

　●到達排頭位置後，只能用地滾球把球交下一人繼續進行，否則罰其重新運球一次。

　●運球失誤時必須從失誤處重新再運球前進，否則罰其重新運球一次。

教學建議

　●運球方式可採用：體前變向運球、背後運球、胯下運球以及運球組合技術。

　●人數以 7～8 人為宜，若人數多可多分幾隊同時進行。

52 三角運球接力賽

目 的

提高學生快速運球技術和運球速度。

場地器材

籃球場 1 塊,籃球 3 個。

方 法

如圖所示,把球場中線的中點與端線兩端點連線畫在場地上構成一個三角形,把學生分為人數相等的三個隊,

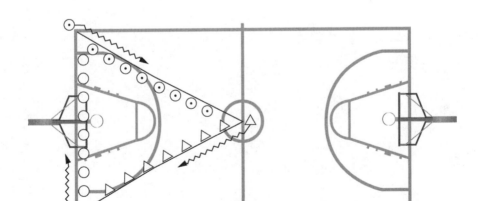

各隊成縱隊站在三角形各邊線內側，各隊排頭手持一個籃球站在三角形的三個頂點上做好準備。

遊戲開始，各隊排頭迅速起動按逆時針或順時針方向沿三角形的邊線運球一周，回到原位置後把球交給本隊第二人，自己站到隊尾，遊戲照此方法依次進行。直到全隊完成，先完成的隊為勝。

規　　則

●必須按規定的方向運球，如果超越對方，必須從被超越者的外側繞過。

●不得帶球走和雙手運球，不得有意干擾對方隊員的運球。

●必須用手遞手交球的方法把球交給下一名隊員，接球隊員接球時必須有一隻腳踏在三角形的頂點上接球。

●如果運球失誤必須從失誤處重新開始運球。

53 綜合運球比賽

目　　的

在快速運球中提高學生各種不同運球方式的動作品質及其變換能力。

場地器材

籃球場 1 塊，籃球 2 個，標誌物 4 個。

方　　法

在球場兩罰球線的延長線兩端分別放上標誌物，再把學生分成人數相等的兩隊，站立於端線後，面向場內，排頭各持一個籃球。

遊戲開始，各隊排頭迅速運球到第一個標誌物前做體前變方向運球，然後再快速運球到第二個標誌物前做背後運球，再運至端線返回，在兩個標誌物前依次做運球後轉身、胯下運球，最後返回原起點把球交給第二個人，自己回到本隊隊尾。

以後全隊依次按上述方法和路線運球往返，直至全隊完成。先完成的隊為勝。

規　則

● 必須在規定的標誌物前做規定的運球動作變換，如換錯動作必須返回原處按規定重做後才能繼續前進。

● 必須腳踏端線才能返回。

● 必須用手遞手方式把球交給下一人，不得傳球遞交。

● 運球失誤必須從失誤處重新再做。

教學建議

● 變換運球的方式可根據學生的技術水準適當調整。

● 不必要求學生在一次運球往返中變換四個動作。

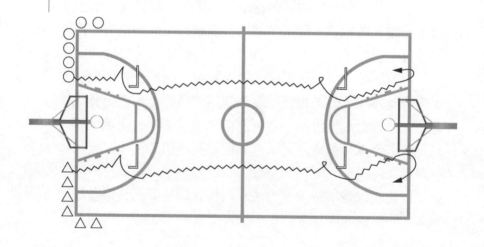

54 左、右手運球接力

目　的

改進學生的運球技術，提高其左右手運球能力。

場地器材

籃球場 1 塊，籃球 2 個，標誌物 6 個。

方　法

如圖所示，把 6 個標誌物分別放在兩條罰球線的延長線和中線上。把學生分成人數相等的兩隊，面向場內站立

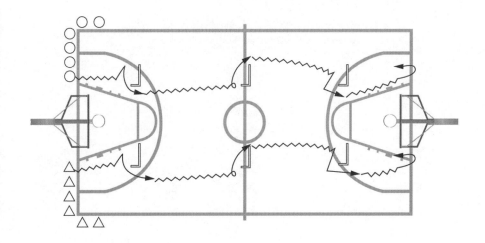

在同一端線後的限制區線與端線交點處，兩隊排頭各持一個籃球。

遊戲開始，排頭首先用左手運球至第一個標誌物前，做左手體前變方向運球，球交右手運至第二個標誌物前，做右手運球後轉身，球交左手運至第三個標誌物前，做左手背後運球，最後用右手運球至端線用一腳踏端線急停轉身，以同樣的路線返回，並依次在三個標誌物前做右手背後運球、左手體前換手變方向運球、右手運球後轉身，返回原起點以手遞手方式把球交給下一個同伴，直到全隊每人完成一次為止，先完成的隊為勝。

規　　則

●必須按規定路線在規定地點用規定的手變換規定的運球動作，否則罰其在最後重做一次。

●必須有一腳踏端線才能返回，否則令其重返端線踩線。

●必須用手遞手交球方法。

●如運球失誤，必須從失誤處重做。

55 合作運球比賽（1）

目　的

提高學生的運球能力及協作能力。

場地器材

籃球場 1 塊，籃球 4 個。

方　法

如圖所示，把學生分為人數相等的兩隊，每隊又分為兩人一組，分別成兩路縱隊站立於球場端線處，排頭兩人並排而立，把相鄰的手臂挽在一起，另一手各持一個籃球。

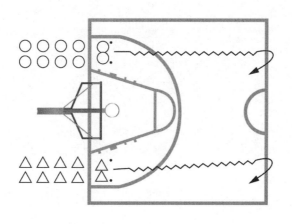

遊戲開始信號發出後，兩人在挽手臂的同時各自運球前進，到達中線時其中一人踩到線即可運球返回，把兩個球交給下一組，其他隊員以同樣方法繼續進行。先完成的隊獲勝。

規　　則

● 運球過程中兩人的手臂必須始終挽在一起，中途斷開為犯規，罰其重做一次。

● 運球失誤時須在失誤地點挽好手臂再繼續運球前進。

56 合作運球比賽（2）

目　　的

提高學生的控制能力。

場地器材

籃球場 1 塊，籃球 6 個。

方　　法

　　如圖所示，把學生分為人數相等的兩隊，每隊又分為
兩人一組，分別成兩路縱隊站立於球場端線處，排頭兩人
並排而立，用相鄰的一手手掌分別從左、右兩側夾住一個

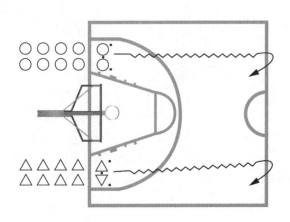

籃球。另一手各持一個籃球。

　　遊戲開始，每組的兩人一手夾住球另一手運球迅速起動，運至中線處，其中一人有一隻腳踩中線即以同樣方法返回，把三個球交本隊第二組，並以同樣方法進行，直至全隊各組完成一次，先完成的隊為勝。

規　　則

　　●不論運的球失控還是夾的球失落，必須在原地把球重新處理好後才能繼續前進，否則判其犯規，在本隊最後重做一次。

　　●到中線時必須有一人的腳踩中線才能返回，否則為犯規，在本隊最後重做一次。

57 合作運球比賽（3）

目　　的

提高學生的手對球的控制能力及協作的能力。

場地器材

籃球場 1 塊，籃球 6 個。

方　　法

如圖所示，把學生分為人數相等的兩隊，每隊又分為兩人一組，分別成兩路縱隊站立於球場端線後，排頭兩人背對背站立，並且兩人之間用背夾住一個籃球。

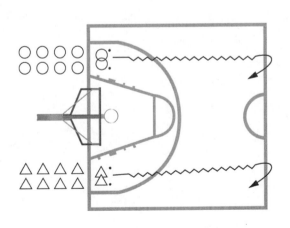

一隻手可以反手勾住另一人的腹部，但不可以直接抓球，另一手各持一個籃球。

遊戲開始後，每組的兩人一隻手運球的同時又不讓背後的球掉下，到達中線時其中一人的腳踩到線即可運球返回，交給下一組隊員繼續，先完成的隊獲勝。

規　　則

● 不論運的球失控還是夾的球失落，必須在原地把球重新處理好後才能繼續前進，否則判其犯規，在本隊最後重做一次。

● 到中線時必須有一人的腳踩中線才能返回，否則為犯規，在本隊最後重做一次。

58 組合運球接力

目　　的

提高學生在快速跑動中運用各種方式運球的能力。

場地器材

籃球場 1 塊，籃球 2 個，標誌物 4 個。

方　　法

如圖所示，把 4 個標誌物放於球場兩半場的三分線上，再把學生分為人數相等的兩隊，面向場內分別站立於

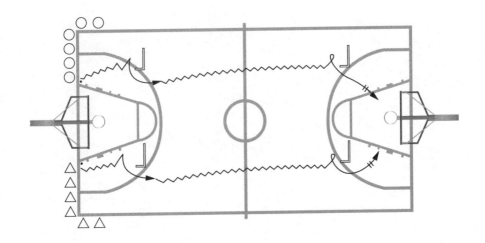

球場兩端線後方，兩排頭隊員各手持一球。

　　遊戲開始，兩排頭同時起動運球至第一個標誌物前做體前變向運球，再運球至第二標誌物前做運球後轉身接上籃，投不中必須補籃投中；拿到籃板球後往回運球，到第一個標誌物前做運球後轉身，運球到第二個標誌物前做體前變向運球，運球到端線交給下一人。如此反覆進行，最後全隊每人完成一次，先完成的隊為勝。

規　　則

　　● 每人輪一次，每次必須投中球，否則無效，判其在該隊最後重做一次。

　　● 上籃時兩次運球、帶球走，投中無效，判其在該隊最後重跑一次。

59 運球突破對抗賽

目 的

使學生在對抗中掌握各種運球突破的運用要點。

場地器材

籃球場 1 塊，兩人 1 個籃球。

方 法

如圖所示，把學生分為人數相等的兩隊，其中一隊持球，面向場內站立在球場同一端線後方，教師⊕站在三秒

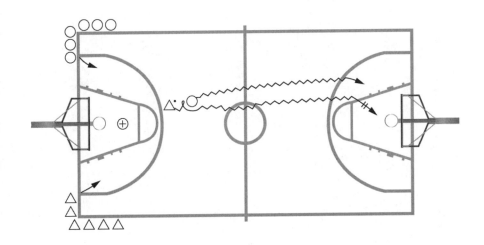

區域內。

　　遊戲開始時，兩隊第一人腳踩端線做好準備並將球傳出，教師接過球後，或高拋或地滾或放在原處，兩人在球離教師手的瞬間立即起動搶球，搶到球者為進攻隊員，未搶到球者為防守隊員。

　　進攻隊員運用各種技術動作快速超越對方，向前場籃下運球並上籃，防守隊員則迅速面向對手進行防守；若進攻隊員運球突破對手後上籃命中即為成功，判其得 1 分；若防守隊員堵住對方的運球或把對方的球打出界外，或造成對方違例、失誤，或對方投籃不中，則都算防守成功，判其得 1 分；然後雙方第二人進行同樣的對抗；最後以累積分高的隊為勝。

規　　則

● 只能在球場範圍內攻與防，誰出界誰失分。
● 按籃球競賽規則執行，誰違反誰失分。

60 運球搶占圈

目　的

提高學生運球中突然快速起動和搶佔位置的能力。

場地器材

籃球場 1 塊，每人 1 個籃球。

方　法

如圖所示，在球場圍繞中圈周圍畫若干個直徑為 1 公尺的小圓圈，其數目應比參加遊戲的人數少一個，每個圓圈內按循環 1、2、3 的順序寫上相應數位。

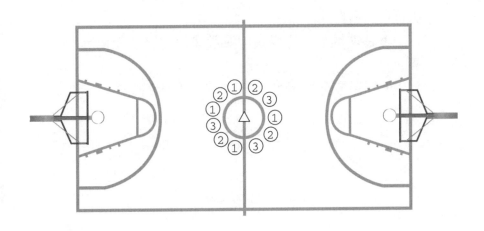

全體學生分別各占一個小圓圈，剩餘一人則站中圈內。所有學生包括中圈的人在內都要在各自圓圈內做原地運球。位於中圈的學生在 1～3 的數位內任意喊一個數位，所有在該數位圈內運球的隊員馬上運球起動離開該圓圈，迅速佔據其他已離開人的同樣數字的圓圈。

中圈的人也同樣去搶佔一個這樣的圓圈，最後未搶佔到圓圈的人則進入中圈，遊戲繼續進行，直至規定時間為止，結束遊戲。

規　則

● 運球不能停下來，否則視為未搶佔到圓圈。

● 不得帶球跑、兩次運球，否則視為未搶佔到圓圈。

● 只有被喊出數字的相應圓圈內的隊員才能起動去搶佔其他圓圈，起動錯了，則視為未搶到。

教學建議

● 如參加人數多，可分成人數相等的幾隊，改為分隊對抗或同場對抗。

● 每次間隔不宜過長，遊戲連續、緊湊能使難度提高。

● 寫在各圈內的數字可根據學生情況變換。

61 運球搶「點」兒

目 的

改進學生的行進間運球技術，提高變速、變向運球能力。

場地器材

籃球場 1 塊，每人 1 個籃球。

方 法

如圖所示，球場上所有的線（包括端線、邊線、中

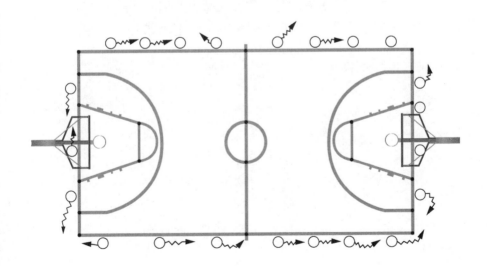

線、三秒區線、罰球線）的交接點都是要搶的「點」。

　　遊戲開始，全體隊員分散在場外任意運球。教師發出開始的信號後，全體隊員馬上起動搶「點」，一個「點」只能由一個隊員佔據，搶不到「點」的隊員受罰。然後，遊戲重新開始。

規　　則

　●無論搶到「點」與否，運球不得停下，否則按沒搶到「點」處理。

　●不得帶球跑、兩次運球，否則按沒搶到「點」處理。

　●搶點者的雙腳和球都觸及「點」為有效，否則必須另搶。

教學建議

　●可根據學生情況，增加或減少要搶的「點」。

　●可根據學生情況，規定或不規定運球方式。

62 追拍運球者

目　的

使學生熟練變速運球技術；提高其動作速度和起動、變速的速度。

場地器材

籃球場 1 塊，每兩人 1 個籃球。

方　法

如圖所示，按每兩人一個球的比例把相應的球放在球場中圈，把學生分為人數相等的兩隊，各成橫排站立於球場兩端線後。

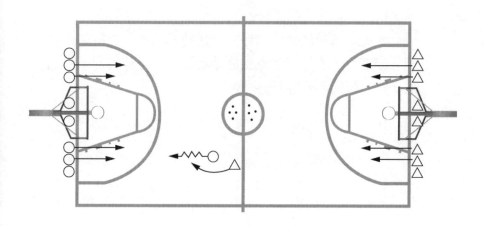

　　遊戲開始，兩排同時從各自的端線起動向中圈快跑，站在圈外用手拿起圈內的球並向本隊端線快速運球，未搶到球的對方隊員則用最快速度追上運球隊員，並用手輕拍對方身體的任何部位，被擊拍的隊員則應無條件把球交給對方，同時反過來用同樣方法去追拍持球隊員；一旦運球隊員返回本隊端線後，即得 1 分。

　　若運球隊員在快被追上時突然運球急停，則追拍的隊員不得觸及他；若他再次起動則可再次擊拍。如此反覆進行，直至規定時間到，計算雙方得分，得分高的隊為勝。

規　　則

　　● 中圈搶球時不得進入圈內，但允許同隊隊員採用「球碰球」的方法把球碰出圈給自己的同伴；凡進入圈內搶球者應把球交給對方。

　　● 不得兩次運球或帶球跑，否則判對方直接得 1 分。

　　● 只要運球隊員做出運球急停動作，追拍隊員就無權觸及他，否則判運球隊員得 1 分，但運球隊員一旦運球起動，則追拍隊員的觸及有效。

　　● 運球隊員做運球急停、急起時必須注意：按動作規範要求進行，急停時還應做原地低運球；急停時間不得超過 3 秒，否則判被對方追拍到。

63 運球與傳球

目　的

　　培養學生運球時抬頭的習慣，提高其運球和傳球銜接能力。

場地器材

　　籃球場地 1 塊，每人 1 個籃球。

方　法

　　如圖所示，把隊員分為人數相等的兩隊，分別站在球

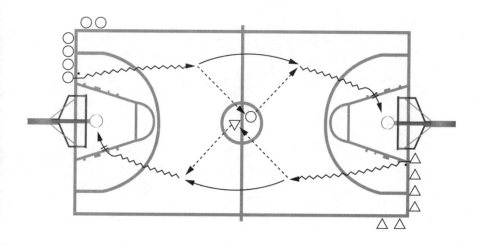

場兩側的端線後，每人一球。兩隊各出一名隊員（不持球）站在中圈處。

遊戲開始，隊員向前場快速運球，也可以規定各種運球方法，運球時要抬頭觀察中圈隊員，當其舉起一隻手時，要及時把球傳給他，繼續向前跑動，再接回傳球運球上籃。第一人上籃投中後，後面的人再開始進行，最後先完成的隊為勝。

規　　則

● 運球走步返回違例處繼續進行。

● 必須前一名隊員完成運球後第二人才能起動運球，否則回來重做一次。

第三章　　投　籃

64 籃下投籃

目　的

在快速中保持投籃的穩定性。

場地器材

籃球場 1 塊，籃球 4 個。

方　法

　　如圖所示，把全隊分為人數相等的兩組，每組用半場練習。每組先派兩名隊員，每人持球 1 個，站於籃下左右，聽比賽開始的信號後兩人交替地進行投籃，在規定的 1 分鐘內，看哪名投進的次數多，多者為勝。

　　然後換另外兩名隊員，重複上述的比賽，直至所有隊員都做過一遍，按總分計算勝負。

規　　則

同組投籃的兩人必須交替地進行投籃，一人不能連投兩次。

教學建議

兩人配合協調，投籃速度越快越好，在快速中保持穩定，爭取每投必中。

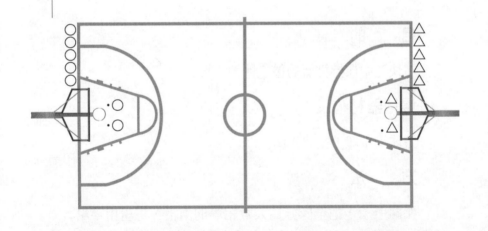

65 罰 球 比 賽

目　　的

提高學生原地投籃技術動作的品質和命中率。

場地器材

籃球場 1 塊，籃球 2 個。

方　　法

如圖所示，把學生分成人數相等的兩隊，兩隊面向球
籃成縱隊站立於罰球線後，各排頭手持一個籃球。

遊戲開始，各隊從排頭開始依次罰球（可規定或不規

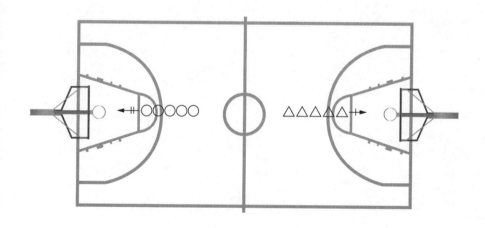

定投籃方式），無論投中與否都由投籃隊員自己去搶籃板球並傳給下一名隊員，如此循環下去，直到：

——全隊每人投籃一次，累計投中個數，數多的隊為勝。

——定時，累計投中個數，投中數多的隊為勝。

——完成規定的投中個數，先完成的隊為勝。

規　則

● 按籃球比賽的罰球規則執行。

66 罰球連中比賽

目　　的

提高學生罰球的命中率。

場地器材

籃球場 1 塊，籃球 2 個。

方　　法

如圖所示，把學生分為兩隊，分別成縱隊站立於罰球線後方，各排頭持一個球。兩隊從排頭起依次進行罰球（可規定或不規定投籃方式）：

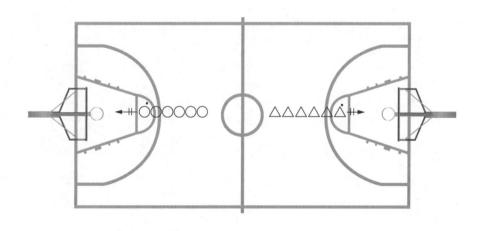

●完成規定的連中次數，先完成的隊為勝。

●完成規定的時間，連中次數多的隊為勝。

規　　則

●必須是連中的球才有效。若有一球不中，則取消以前的次數。

67 投籃追逐賽

目 的

施加心理壓力，提高投籃命中率，改進投籃技術。

場地器材

籃球場 1 塊，籃球若干。

方 法

如圖所示，學生站成一列橫隊，位於端線處站好，按 5 個點依次進行投籃，採用原地投籃或跳起投籃均可。

規 則

● 每點投中後才可輪轉到下一點，當後面的學生超過前面的學生時，前面的學生被罰，罰則自定。

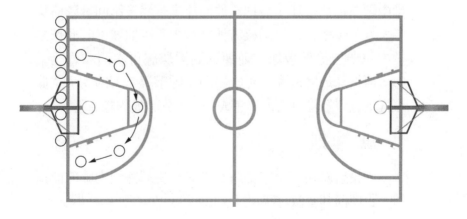

68 折回跑罸球接力

目　　的

在一定練習強度要求下提高學生的罰球命中率。

場地器材

籃球場 1 塊，籃球 2 個。

方　　法

如圖所示，把學生分為人數相等的兩隊，分別站立於端線後，兩個籃球分別放在罰球線的後方。

遊戲開始，各隊排頭首先起動，快速跑至中線做急停——轉身跑回罰球線，拿起放在地上的球投籃。若此球投中則去搶籃板球，並把球放回原處，然後跑回本隊與第二人擊掌，第二人以同樣方法進行折回跑罰球；若此球未投中也要去搶籃板球，並運回到罰球線再次罰球直至罰中，再把球放回原處，然後跑回本隊擊第二人的手。依此類推，直到全隊每人依次完成一次，先完成的隊為勝。

規　　則

●投籃隊員跑至中線時必須有一隻腳踩到中線才能返回，否則罰其重做一次。

● 投籃後必須自己把球放回原處，並用手拍擊下一人的手，否則無效。

● 未經上一名投籃隊員拍擊的隊員不得起動，否則要返回起點拍擊後再起動。

● 每次罰球都必須罰中才能返回原起點。

● 其餘規定按籃球競賽的罰球規則執行。

教學建議

● 可在兩個半場，分四個隊同時進行。

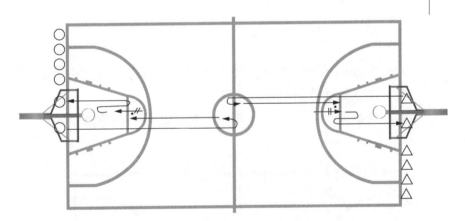

69 折回跑罸球比賽

目　　的

在一定練習強度要求下提高學生的罰球命中率。

場地器材

籃球場 1 塊，籃球 2 個。

方　　法

如圖所示，把學生分為人數相等的兩隊，站立在端線後，兩個籃球分別放在罰球線的後方。

遊戲開始，各隊排頭第一人首先起動，快速跑至中線

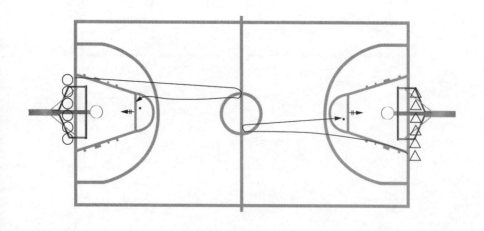

做急停——轉身跑回罰球線，拿起放在地上的籃球投籃，無論投中與否，都自搶籃板球把球放回原位置上，然後跑至本隊與第二人擊掌，第二人以同樣方法進行折回跑罰球，直至全隊每人完成一次，中球數多的隊為勝。

規　　則

　●投籃隊員跑至中線時必須有一隻腳踩到中線才能返回，否則罰其重做一次。

　●投籃後必須自己把球放回原處，並用手拍擊下一人的手，否則無效。

　●未經上一名投籃隊員拍擊的隊員不得起動，否則要返回起點拍擊後再起動。

　●如果中球數相同，則先完成的隊為勝。

70 快投比準

目　的

訓練學生接球後立即投籃的能力，規範投籃手臂伸展與壓腕的動作技術。

場地器材

籃球場 1 塊，籃球若干。

方　法

如圖所示，把學生分成 5 人一組，中間的人投籃。其餘 4 人各持一個球，站在投籃人的周圍。

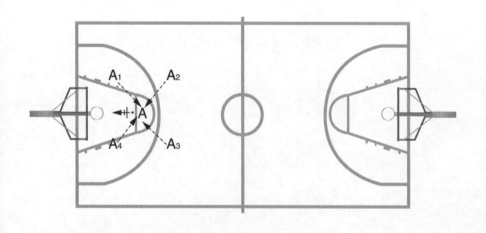

遊戲開始時，周圍的學生依次把球傳給中間的投籃人，中間的投籃人接球後迅速地在規定的位置原地投籃。誰傳出的球誰負責搶籃板球，並運球回到原來的位置準備再傳球。

　　一分鐘後換本組其他隊員再投籃。累計本組最終投中的次數，投中數多的組獲勝。

規　　則

●本組所有的隊員都要完成投籃任務。

●投籃的人必須在規定的投籃位置投籃，必須在規定時間內投中才有效。

教學建議

●此遊戲也可以要求學生在兩點或多點移動中接球投籃。

71 「1+1」投籃

目　的

鞏固、提高學生罰球或原地投籃的命中率。

場地器材

籃球場 1 塊，籃球 2 個。

方　法

如圖所示，教師把學生分為人數相等的兩隊，各成縱隊站於罰球線（或指定的投籃點）後，兩排頭各持一球。

遊戲開始，從排頭起依次進行「1+1」投籃，即：先

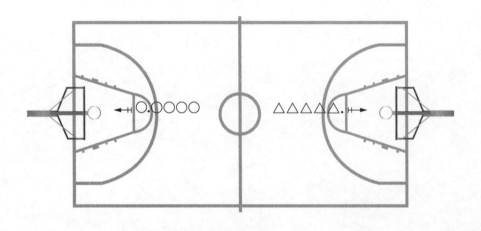

投第一球，並把球撿回，若投中則可投第二球；若未投中，把球傳給本隊下一個人投，自己站到隊尾。依次進行，直到全隊輪一遍，累計所投中的球數，多的隊為勝。

規　　則

● 必須在規定的投籃點投籃，否則投中無效。

● 球在投籃隊員手中停留不得超過 5 秒，否則投中無效。

● 每人只有一次「1+1」投籃的機會。

教學建議

● 此遊戲可改為限定投中的球數，以先達到規定次數的隊為勝。

● 此遊戲也可改為限定時間，看哪個隊在規定的時間內投中的次數多。

72 投籃升級比賽

目　　的

幫助學生在不同角度的投籃中改進技術動作。

場地器材

籃球場 1 塊，籃球 2 個。

方　　法

如圖所示，以球籃中心到地面的垂直投影點為圓心，

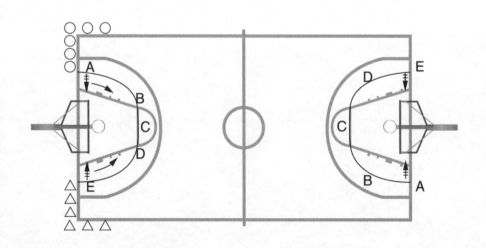

以此圓心到罰球線的距離為半徑畫兩個半圓弧線，構成投籃升級比賽區線。

在此區線上畫 A、B、C、D、E 五個標誌點為「升級點」。把學生分為人數相等的兩隊，站在左右兩邊的 0°角上，兩隊的排頭各持一球。

遊戲開始，兩隊自排頭起依次按規定要求進行投籃，逐一投完五個點，先回到原起點的隊為勝。

規　　則

● 只能按規定要求（如投籃動作方式、命中次數、規定時間等）進行投籃，否則投中無效。

● 只能腳踩標誌點或在標誌點後進行投籃，否則投中無效。

教學建議

● 如參加的人數多，可多分幾個隊，或在兩個半場同時進行，或採用淘汰賽，或採用擂臺賽的方法進行比賽。

● 可規定或不規定具體投籃方式。

73 運球上籃比賽

目 的

提高學生快速運球上籃技術和上籃的準確性。

場地器材

籃球場 1 塊，籃球 2 個。

方 法

如圖所示，把學生分為人數相等的兩隊，站在球場兩端線後方，兩隊的排頭各持一球。

遊戲開始，兩隊從排頭起依次快速運球到前場按規定動作要求上籃，投中後再運球返回到另一籃下投中，然後把球傳給下一人，依此直到全隊做完，速度快的一隊為勝。

規 則

● 必須按規定的動作要求上籃，否則投中無效。

● 必須投中才能返回或把球交給下一人繼續做，否則所投無效，罰其重做一次。

● 不得兩次運球或帶球走，否則上籃命中無效，未中則返回後在最後重做一次。

教學建議

● 可根據學生的實際情況規定投籃動作。

● 可根據學生的實際情況規定是否必須投中才能返回。

● 可以下列上籃動作為規定的投籃動作：

——行進間單手高手上籃；

——行進間單手低手上籃；

——行進間雙手低手上籃；

——行進間跑投；

——各種方式的左手上籃等。

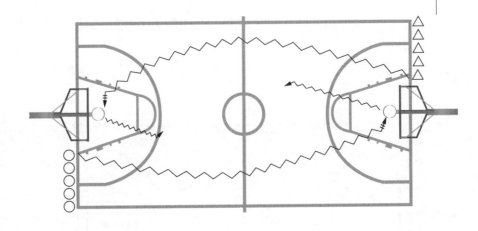

74 上籃連中比快

目　　的

提高學生快速運球上籃技術的運用能力。

場地器材

籃球場 1 塊，兩人 1 個籃球。

方　　法

如圖所示，把學生分為兩人一組的若干組，每組一個籃球。

遊戲開始，各組其中一人首先上場，在兩個球籃間快

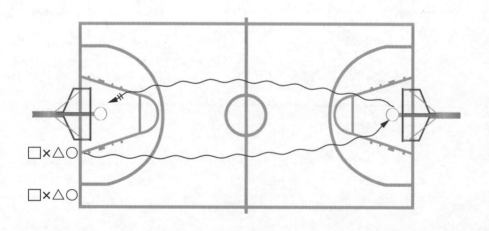

速運球上籃，如能按規定連中四球則算完成一組；由本組的另一人上場再以同樣方法進行。若第一人未能按規定連中四球則算其未完成規定練習，由另一人上場以同樣方法進行，直到兩人完成規定的組數。比如完成 3 或 4 組即為完成任務。教師計時，最後以先完成的組為勝。

規　　則

● 必須是「上籃」，否則投中無效。

● 凡出現走步、兩次運球等違例現象，違例者已投中的次數取消並罰其重做。

教學建議

● 若參加人數多，可分成 3～4 人一組，或分成若干隊進行對抗。

● 不一定要求上籃時連中，可要求每人投中兩個或幾個，或累加投中幾個即可。

75 運球急停跳投接力

目　的

提高學生快速移動中急停跳投的命中率。

場地器材

籃球場 1 塊，籃球 2 個。

方　法

如圖所示，把學生分為人數相等的兩隊，成縱隊站立於場角，排頭各持一球。

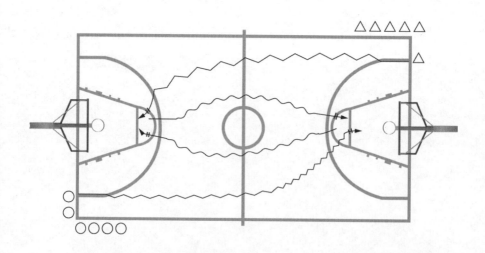

遊戲開始，排頭向前場快速運球，運至前場罰球線處做急停跳投，投中後再運球返回，在原起點的罰球線處再次急停跳投，投中後把球交給下一名隊員。全隊依次而為，直到每人都完成一次。先完成的隊為勝。

規　　則

　　● 必須在兩罰球線外起跳投籃，否則命中無效。

　　● 必須投中才能返回把球交下一名隊員，否則罰其重做。

　　● 如有走步、兩次運球，命中無效。

　　● 跳投不中不得在籃下直接補籃，必須運球至罰球線外再次跳投。

教學建議

　　● 根據學生的實際情況加長或縮短跳投距離。

　　● 可改為在規定時間內投中次數多的隊為勝。

76 運球急停跳投比賽

目　的

提高學生快速移動中急停跳投的命中率。

場地器材

籃球場 1 塊，籃球 2 個。

方　法

把學生分為人數相等的兩隊，站立於場角，排頭持球。

遊戲開始，排頭向前場快速運球，運至前場罰球線處

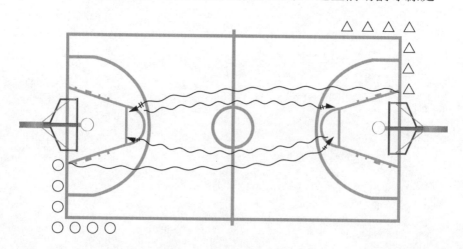

做急停跳投，不論投中與否均運球至後場罰球線處再次急停跳投，不論是否投中都把球交下一名隊員，全隊依次而為。隊員每投中一球得 1 分，直到每人都輪一次。得分高的隊為勝。

規　　則

- 必須在兩罰球線處起跳投籃，否則命中無效。
- 不得走步、兩次運球，否則命中無效。
- 最後比分相同則以先完成的隊為勝。

77 三人投兩球

目　　的

練習投籃基本功，在快速投籃出手中提高命中率。

場地器材

籃球場 1 塊，每三人 2 個籃球。

方　　法

在半場範圍內，以籃圈中心在地面的垂直投影點為圓心，以此圓心到罰球線的距離為半徑畫一個半弧線，此線

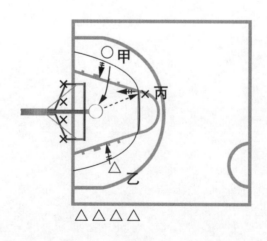

以外即為比賽的「投籃區」。

　　把全體學生分為甲、乙、丙三人一組的若干組，其中甲、乙各手持一個球，丙位於規定的投籃點上準備，三人均可在規定的投籃區內任意移動。

　　遊戲開始，兩持球隊員在投籃區範圍內自投自搶，並把球傳給無球的第三人。例如，甲投籃出手並搶到籃板球後迅速把球傳給丙，乙投籃並搶到籃板球後迅速把球傳給甲，丙接甲的球後迅速投籃，並在搶到籃板球後迅速把球傳給乙。

　　如此反覆循環，直到規定時間止，計算該組的三人累計投中次數，然後再換下一組。直到所有的組都做一遍，以投中次數多的組為勝。

規　　則

　　●三人都必須是自投自搶籃板球，其他人不得幫忙，否則投中無效。

　　●傳、接球失誤要由失誤者把球撿回並從失誤處繼續進行。

78 搶 投 搶 分

目　的

練習投籃基本功,提高學生對抗中快速出手能力和命中率。

場地器材

籃球場 1 塊,每兩人 1 個籃球。

方　法

在半場範圍內,以籃圈中心在地面的垂直投影點為圓心,以此圓心到罰球線的距離為半徑畫一條弧線,此線以外即為比賽的「投籃區」。

把隊員分為人數相等的甲乙兩隊。

遊戲開始,雙方各出一人進行對抗;兩人均自投自搶並進行防守。例如,甲$_1$與乙$_1$對抗,甲$_1$投籃後即去搶籃板球,並把球傳給乙$_1$,同時上前封蓋乙$_1$的投籃,而乙$_1$在接到甲$_1$傳來的球且尚未來得及封蓋前即投籃出手,並以同樣方法去搶籃板球和把球傳給甲$_1$並對甲$_1$進行防守。如此反覆循環直至規定時間到,命中次數多的一方得 1 分;以同樣方法進行直至雙方全部完成一次,以得分多的隊為勝。

規　　則

● 投籃雙方均不得超越投籃區的限制線，否則投中無效。

● 雙方接球後即出手，不得以運球或突破避開對方防守，否則投中無效。

● 雙方投籃後即衝搶籃板球並在獲球的地方把球傳給對方，不得走到對方面前交球接著防守，否則算對方直接投中一球。

教學建議

● 可在兩個半場內同時進行 4～6 組的對抗。

● 可根據情況規定或不規定投籃方式，延長或縮短投籃距離。

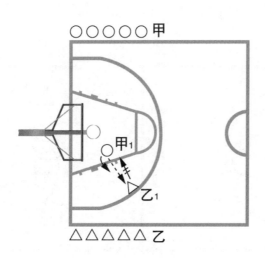

79 投 籃 30 分

目　　的

鞏固和提高學生跳投、搶籃板球和補籃的技術,發展其快速反應能力。

場地器材

籃球場地 1 塊,籃球 2 個。

方　　法

如圖所示,教師可將學生分成人數相等的兩個隊,成縱隊站在兩個半場的罰球線後,排頭持球。

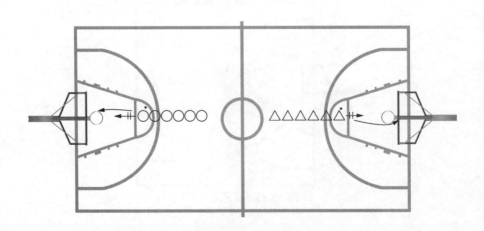

遊戲開始，教師發令後，排頭做原地跳起投籃。無論投中與否，只要在球落地之前接到球均可再投籃一次，投中得 2 分，補中得 1 分，然後，把球傳給本隊第二人，自己站到隊尾處。

　　以此類推，先累積 30 分的隊為勝。

規　　則

- 跳投時，必須站在罰球線後起跳投籃。
- 跳投後的球落地則不能再補籃。

教法建議

- 根據遊戲者的水準，可改變投籃點、投籃的角度等條件。
- 此遊戲可改跳投為原地投籃，然後衝搶籃板球補籃，以減小遊戲的難度。

80 30分搶投

目　　的

提高學生快速投籃的能力。

場地器材

籃球場 1 塊，籃球 4 個。

方　　法

把學生分為人數相等的兩隊，用一個籃筐，分別在規定地點站好，排頭持球。

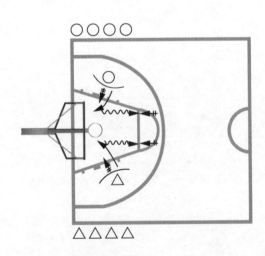

遊戲開始，兩排頭先做原地跳投一次，罰球一次，都要自投自搶籃板球。無論投中與否，都把球傳給下一名隊員，依次類推，按跳投投中得 2 分、罰球投中得 1 分，直到投滿 30 分，以完成的快慢排列名次。

規　　則

　　● 嚴格限制投籃距離，跳投時的起跳點不能越過規定範圍。

　　● 不得故意干擾對方投籃。

81 投籃對抗

目　　的

磨練學生的投籃基本功，提高投籃命中率。

場地器材

籃球場 1 塊，每兩人 1 個籃球。

方　　法

在半場範圍內，以球籃中心在地面的垂直投影點為圓心，以圓心到罰球線的距離為半徑畫一條弧線，此線以外即為比賽的「投籃區」。

把學生分為人數相等的甲乙兩隊，每隊又分為兩人一組，每組一個球。

遊戲開始，兩隊各出一組上場比賽。兩組的甲$_1$和乙$_1$先投籃，投籃後立即去搶籃板球並把球傳給同組的甲$_2$和乙$_2$；甲$_2$（乙$_2$）接後即投籃，然後去搶籃板球傳給甲$_1$（乙$_1$），如此反覆進行直至規定時間到。計算甲$_1$、甲$_2$兩人累計投中次數，並與由乙$_1$、乙$_2$組成的乙隊比較，累計投中次數多的組獲勝，勝組得 1 分；然後雙方再換另一組進行同樣的比賽，直到兩隊的所有組全部進行一次，累計雙方得分，得分高的隊為勝方。

規　則

● 比賽隊員不得超越規定的限制線投籃，否則命中無效。

● 必須自投自搶再傳給同伴，否則命中無效。

● 尚未輪到比賽的隊員必須退至場外，並不得以任何方式干擾對方投籃隊員的投籃，否則算對方直接投中一球。

教學建議

● 可在兩個半場內同時進行 4～6 組的對抗。

● 可根據情況規定或不規定投籃方式，延長或縮短投籃距離。

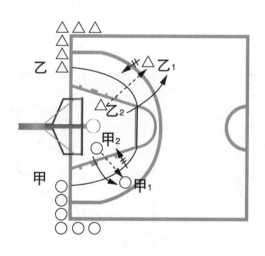

82 中線撿球上籃接力

目　的

提高學生快速跑動中運球上籃的能力。

場地器材

籃球場 1 塊，籃球 2 個。

方　法

如圖所示，把兩個籃球分別放在中線上，與邊線相距約 2 公尺處。把學生分為人數相等的兩隊，面向場內站在

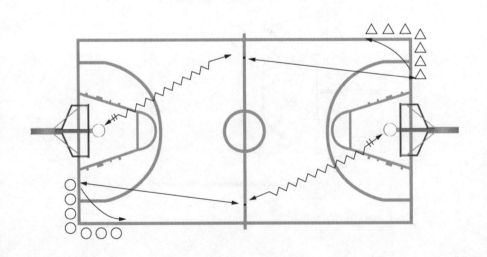

場角處。

遊戲開始，排頭快跑至中線，撿起地上的球快速運球上籃，投中後按原路線運球回中線把球放下，再跑回原出發處的端線拍擊下一名隊員的手。以後的隊員按同樣的方法依次進行，直到全隊做完一次，先完成的隊為勝。

規　　則

● 與前一名隊員擊掌後，後一名隊員才能起動，否則此次運球上籃無效，該隊員應在本隊最後重做一次。

● 每次投籃必須投中才能返回，可採用任何方法補中。

83 上籃加罰球接力（1）

目　的

鞏固學生在快速奔跑後的投籃動作，提高投籃和罰球命中率。

場地器材

籃球場 1 塊，籃球 2 個。

方　法

如圖所示，把學生分為人數相等的兩隊，分別站在球場中線與邊線交點處的球場內，面對一個球籃，兩排頭各

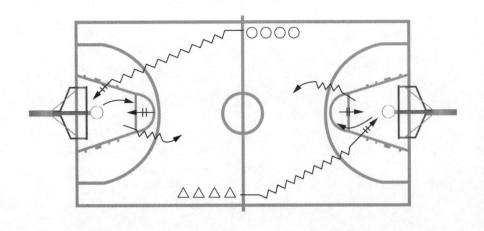

持一個球。

　　遊戲開始，兩排頭運球至前場上籃，不論投中與否，再到罰球線罰一次球，然後再運球到另一端籃下上籃，不論投中與否，再加罰一次球後，把球傳給本隊下一名隊員。四次投籃中只要投中一球就得 1 分，多投中多得分。按同樣方法全隊依次進行，得分多的隊為勝。

規　　則

　　● 跑動路線必須按預先規定的順時針或逆時針方向進行，不得干擾對方運球或投籃隊員。

　　● 各個投籃點都只有一次投籃機會，不得補籃，否則該學生的得分不計入總分。

　　● 最後得分相同時先完成的隊獲勝。

第三章 投籃

84 上籃加罰球接力（2）

目　的

提高學生在快速奔跑後的罰球命中率。

場地器材

籃球場 1 塊，籃球 2 個。

方　法

如圖所示，把學生分為人數相等的兩隊，分別站在球場中線與邊線交點處各面向一個球籃，兩排頭各持一個

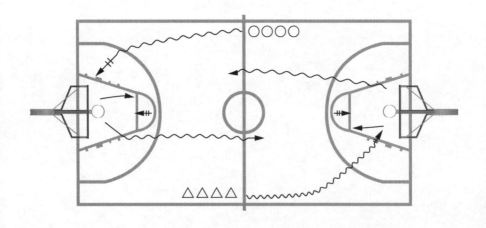

球。

　遊戲開始，排頭運球至前場上籃投中後，再到罰球線罰中一球。然後運球到另一端籃下上籃投中，再加罰一次投中後，把球傳給本隊下一名隊員。直到全隊做完，先做完的隊為勝。

規　則

　●跑動路線必須按預先規定的方向進行，任何隊員不得干擾對方隊員運球或投籃。

　●上籃或罰球必須投中，上籃不中時要補中，罰球不中時再罰。罰球時要執行籃球競賽的罰球規則。

85 半場往返跑投籃接力

目 的

發展學生在快速移動和體力消耗大的情況下，投籃的能力。

場地器材

籃球場 1 塊，籃球 2 個。

方 法

如圖所示，以籃圈中心到地面的垂直投影點為圓心，以圓心到罰球線的長度為半徑畫一弧線，規定此弧線以

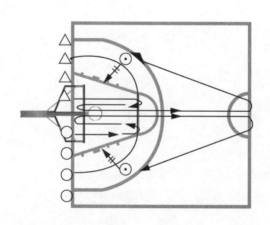

外、三分線以內的區域為投籃區，在此投籃區內再畫兩個直徑為 1 公尺的圓圈為放球區，每圈放一個籃球。

把學生分為人數相等的兩隊，面向場內站在同一半場的端線後球籃兩側。

遊戲開始的信號發出後，兩隊隊員依次按以下路線和方法進行比賽：向前快跑——到罰球線用手摸罰球線並迅速轉身——跑回原起點處用手摸端線並迅速轉身——跑至中線用手摸中線並迅速轉身——跑至放球圈拿球——投中或補中——衝搶籃板球——把球放回圓圈——跑回原起點處拍擊下一個同伴的手。如此反覆直到全隊每人完成一次，先完成的隊為勝。

規　　則

● 必須按規定路線、方法進行，否則投中無效。

● 必須投中或補中後才能把球放回圓圈，否則判重做一次。

● 投籃後球必須放回原處，否則返回重新放好。

教學建議

● 可用兩個半場四個隊同時比賽，用計分多少定勝負。

86　全場往返跑投籃比賽

目　的

提高學生在大體力消耗情況下的投籃命中率。

場地器材

籃球場 1 塊，籃球 2 個。

方　法

如圖所示，把學生分為人數相等的兩隊，面向場內站在同一個半場端線後球籃兩側。在三分線以內 0.5 公尺處，左右各放一個籃球。

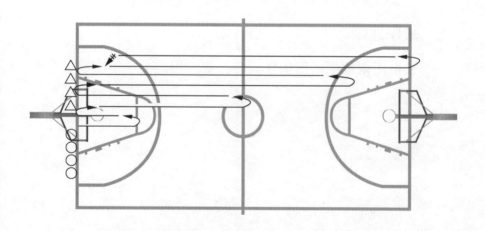

遊戲開始後，兩隊隊員首先是見線折返，每次都要跑回出發的端線，順序依次是罰球線、中線、另一罰球線、對面端線，最後一次折返即從對面端線返回起點時，跑到放球地點拿球做跳投，投中得 1 分，投不中不補籃，自搶籃板球把球放回原處。全隊每人完成一次，得分多的隊獲勝。

規　　則

● 必須按規定路線、方法、順序進行，否則投中無效。

● 折返跑時必須有一隻腳踩到線，否則罰其在最後重做一次。

● 補籃投中不得分。

● 得分相同時先完成的隊勝出。

87 籃下投籃對抗

目　的

提高學生籃下對抗能力和投籃成功率,培養投搶意識。

場地器材

籃球場 1 塊,籃球 2 個。

方　法

如圖所示,把學生分為人數相等的兩隊,各成橫排站在同一端線後。

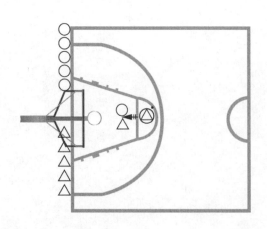

　　遊戲開始，教師持一球站在罰球線，雙方各由一人上場面向教師背向球籃站好。教師把球投向籃板時兩隊員同時轉身搶籃板球，搶到者為進攻隊員，他要設法避開對方的防守在籃下投籃，防守隊員則要防住對方的投籃。進攻隊員投籃出手後則攻防雙方再次爭搶籃板球──再投──再搶──再投，直到其中一人首先在籃下投中規定的次數，先達到者為勝，勝者得 1 分。雙方隊員依次以同樣的方法進行一次，直到全隊完成，得分多的隊為勝。

規　　則

　　● 必須在籃下連續投、搶、防，如球彈出太遠，可把球傳給教師後再接回傳球投籃。

　　● 不得拉、打、推、壓、絆對方，否則算對方得分。

　　● 籃球比賽中的其他規則在此遊戲中仍適用。

　　● 必須把攻與防有機結合起來，不能只攻不防，或只防不攻，否則取消比賽資格。

教學建議

　　● 可根據隊員訓練水準確定每個人的投中指標。

　　● 可改為規定時間內進行投搶，投中次數多者為勝，其所屬隊得 1 分；最後累計雙方得分，得分多的隊為勝。

88 傳球推進上籃比賽

目　　的

提高學生移動中傳接球上籃技術和上籃命中率。

場地器材

籃球場 1 塊，籃球 2 個。

方　　法

如圖所示，把學生分為人數相等的兩隊，每隊又分為兩人一組的若干組，分別成兩路縱隊站立於球場端線後，面向場內，每組一球。

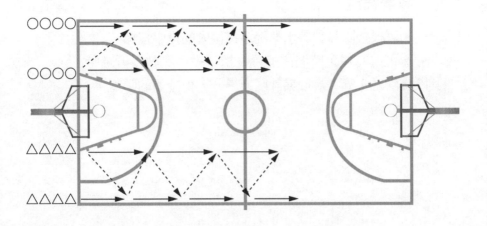

遊戲開始，兩隊排頭快速傳球推進上籃。命中後依原路線傳球推進返回，在罰球線的延長線以下的位置把球傳給本隊下一組同伴。以下各組依次進行，直到全隊都進行一次，以速度快的隊為勝。

規　　則

　　●每次推進上籃都必須投中，否則必須補中才能返回。

　　●兩人傳球次數不限，但如走步違例則上籃命中無效。

　　●返回時必須進入罰球線延長線以下的地方才能把球傳給下一組同伴，否則返回中線後重做。

89 傳球推進上籃比多

目　　的

提高學生移動中傳接球上籃技術和上籃命中率。

場地器材

籃球場 1 塊，籃球 2 個。

方　　法

如圖所示，把學生分為人數相等的兩隊，每隊又分為兩人一組的若干組，分別成兩路縱隊面向場內站立於端線後，每組排頭持球。

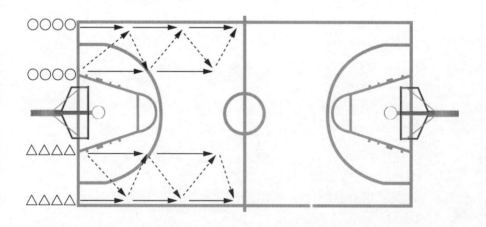

遊戲開始，兩隊排頭迅速起動向前場傳球推進並上籃，不管命中與否，搶籃板球後依原方法返回再上籃，該組往返推進兩次後，把球交下一組以同樣方法進行。全隊進行完後，計算各隊推進上籃的命中次數，中球次數多的隊為勝。

規　　則

●每組只能往返推進兩個來回，且不得補籃，否則命中無效。

●不規定投籃方式，但必須是「上籃」，否則命中無效。

●上籃時出現走步、兩次運球等違例，命中無效。

●推進中傳接球失誤，必須從失誤地點重新開始。

90　半場折回跑跳投

目　　的

提高學生快速移動中跳投的準確性。

場地器材

籃球場 1 塊，籃球 2 個。

方　　法

如圖所示，在球場同一個半場的罰球線兩端，與球籃約成 60°角的位置上畫兩個直徑為 1 公尺的圓圈，圈內各放一個籃球。把學生分為人數相等的兩隊，分別成縱隊面

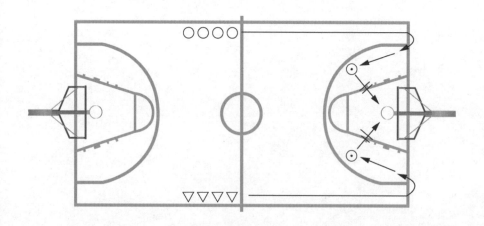

向球籃站立在中線後。

　　遊戲開始，各隊從排頭起依次進行：從中線後快速起動——跑至端線急停用手摸線轉身——跑至放球處持球做原地跳投——無論投中與否均搶籃板球並把球放回圓圈內——跑回原出發點拍擊下一同伴的手，自己跑回本隊隊尾。直至規定時間到，以投中次數多的隊為勝。

規　　則

● 必須原地跳投，否則投中無效。

● 投完後球必須放回圓圈內，球若滾出來則由放球人再放一次。

● 必須用手摸端線才能返回，否則罰其重做一次。

● 前後隊員交接時必須以擊掌為信號，否則罰其返回起點，重新擊掌後再起動。

教學建議

● 可改為必須投中後方能返回。

● 可以規定全隊循環 2～3 個輪次後，以投中次數多的隊為勝。

91 對 抗 投 籃

目　　的

提高學生在對抗情況下投籃的穩定性和命中率。

場地器材

籃球場 1 塊，籃球 4 個。

方　　法

如圖所示，把學生分為人數相等的甲乙兩隊，分別站立於球場兩側邊線上。

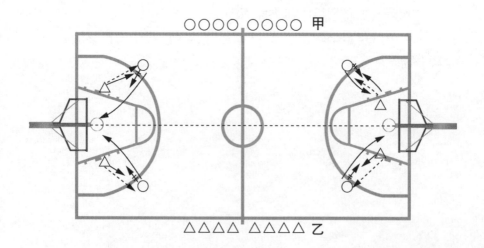

　　遊戲開始，雙方各四人上場，成四對一打一分散在兩個半場內，分別各占每個半場的一半區域。教師發出開始信號後，先持球的甲隊員在乙的防守下於三分線外投籃，投籃出手後馬上去搶籃板球傳給乙，乙接球後在甲未來得及返回防守前也在三分線外投籃出手，而甲把球傳乙後則馬上上步防守對方，乙投籃後再去搶籃板球傳給甲。

　　如此反覆進行，直到每人投籃出手 10 次，計算雙方命中次數，命中次數多者為勝，其所在隊得 1 分，然後換另外四人進行同樣的對抗，直到全隊輪換完畢，積分高的隊為勝。

規　　則

　● 投籃隊員投籃後必須以最快的速度去搶籃板球，立即傳球出去並防守，否則扣除其一次命中次數。

　● 兩人的投籃區域只能在三分線外、半場的一半區域，否則命中無效。

92 半場投三分球比賽

目 的

提高學生投三分球的準確性，磨練投籃基本功。

場地器材

籃球場 1 塊，籃球 2 個。

方 法

如圖所示，把學生分為人數相等的兩隊，各成縱隊面向球籃站立於半場的三分線外，排頭隊員手持一球。

遊戲開始，持球隊員在三分線外投籃，不管投中與否

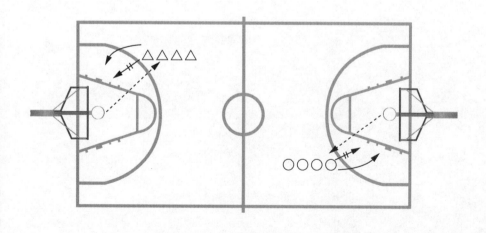

都去搶籃板球並傳給本隊下一個同伴，直到全隊每人投一次後，計算雙方投中次數，投中次數多的隊為勝。

規　　則

- 在三分線外投籃出手並命中的球有效，否則無效。
- 必須用規定的方式投籃，否則投中無效。

教學建議

可根據學生情況：

- 規定或不規定投籃方式。
- 改為以隊為單位的投三分球連中比賽。

93 全場投三分球比賽

目　　的

提高學生投三分球的準確性，磨練投籃基本功。

場地器材

籃球場 1 塊，籃球 2 個。

方　　法

如圖所示，把學生分為人數相等的兩隊，站於兩側邊線外，排頭持一球。

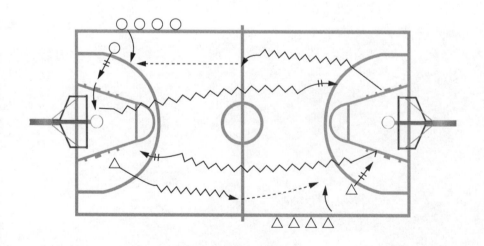

　　遊戲開始，雙方第一名隊員上場在三分線外投籃，不管投中與否自搶籃板球，向另一球籃快速運球至前場三分線外再次投籃出手，也不管投中與否，搶籃板球後快速向原出發處運球，在運球過中線前把球傳給已在三分線外的本隊第二名同伴，該隊員接球後以同樣方法進行三分投籃，直到全隊每人都完成一次，以投中三分球次數多的隊為勝。

規　　則

　　● 必須在三分線外投籃才算有效，踩線或過線出手均無效。

　　● 出現投籃時走步、兩次運球等違例，投籃命中無效。

教學建議

　　● 根據學生的情況，投籃方式和投籃點可以做相應的規定。

　　● 也可不規定投籃方式，只要在三分線外出手就算有效。

94 連續跑投接力

目 的

發展學生跑投技術，磨練投籃基本功。

場地器材

籃球場 1 塊，籃球 2 個。

方 法

如圖所示，把學生分為人數相等的兩隊，站立於球場同一端線後，兩隊排頭隊員各手持一個球。

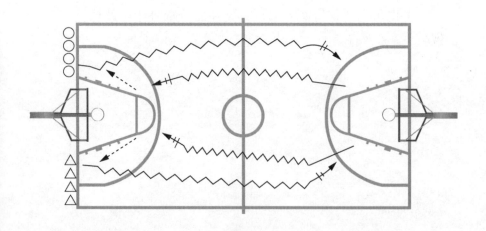

　　遊戲開始，兩隊從排頭隊員起依次按以下規定進行練習：快速向前場運球，運球至前場三分線外做跑投出手，不管投中與否，自搶籃板球並運球返回，至三分線外再做跑投，同樣不管投中與否，搶籃板球後把球交給本隊下一名隊員，以同樣方法進行跑投。如此反覆進行，直到全隊每人輪流完成一次，以投中次數多的隊為勝。

規　　則

　●只能跑投，否則投中無效。

　●跑投出手時可以踩三分線，但不能過線，否則投中無效。

95 擊敗科比‧布萊恩特

目　　的

提高學生投籃技術和穩定的心理調解能力。

場地器材

籃球場 1 塊，籃球若干。

方　　法

如圖所示，在籃球場內確定兩個固定點，其中一個在罰球線上，另一個在右側 45°角三分線內。

比賽開始，一名學生首先在罰球線上罰球，如果罰

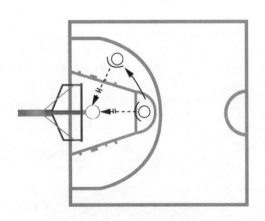

中，得 1 分；罰失，則科比得 3 分。然後再到另一固定點投籃，如果投中，得 1 分；投失，則科比得 2 分。然後再到罰球線上罰球。直到你和科比任何一人的得分先達到 11 分，比賽結束。

規　　則

- 罰球時運用單手肩上投籃。
- 固定點投籃時要運用原地跳起投籃。

教學建議

- 教師可以根據學生水準的高低，適當調整遊戲的難易程度。
- 固定點投籃，也可以根據需要將跳起投籃改為原地投籃。
- 也可以增加投籃點。

96 罰球得 10 分的比賽

目 的

提高學生罰球及投籃的能力。

場地器材

籃球場 1 塊，籃球若干。

方 法

此遊戲不限制參加比賽的人數。每名學生依次在罰球線上只有一次罰球的機會。

比賽開始，參加的學生依次在罰球線上罰球一次。如果罰中並且空心入筐，得 2 分；罰中但是籃球接觸籃圈，則得 1 分；如果罰失，扣 2 分。首先得到 10 分者為勝。

規 則

- 罰球時運用單手肩上投籃。
- 其他採用國際業餘籃球規則。

教學建議

- 教師可以根據學生水準的高低，適當調整遊戲的難易程度。
- 教師可以將學生分成兩隊進行比賽。
- 也可以增加投籃點。

97 15 分 比 賽

目 的

提高學生行進間及定點投籃的能力。

場地器材

籃球場 1 塊,籃球若干。

方 法

如圖所示,此遊戲不限制參加比賽的人數。比賽開始,參加的學生依次在外線投籃一次,然後進行一次運球行進間投籃。外線投中得 2 分;行進間投籃得 1 分。首先得到 15 分者為勝。

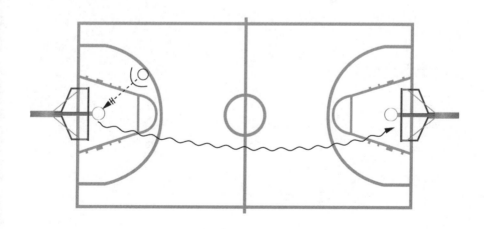

規　則

● 外線投籃必須運用單手肩上投籃。

● 上籃要運用低手投籃。

教學建議

● 教師可以根據學生水準的高低，適當調整遊戲的難易程度。

● 教師可以將學生等分成兩隊進行比賽。

● 也可以變換投籃技術。

98 搶進攻籃板球及外線投籃比賽

目　　的

提高學生判斷、起跳搶籃板球和外線投籃的能力。

場地器材

籃球場 1 塊，籃球若干。

方　　法

如圖所示，教師將學生等分成 A、B 兩組。每組第一名同學分別到指定的地點站好。

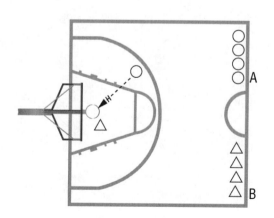

　　比賽開始，A 在外線指定的地點投籃 3 次，B 跳起搶 A 沒有投中的籃板球，然後在空中將球補中。然後兩人互換位置繼續進行。外線投中得 1 分；補中得 2 分。其他學生依此進行比賽。最後以得分多的組為勝。

規　　則

● 外線投籃必須運用單手肩上投籃。

● 搶到籃板球落地後再將球補中不得分。

教學建議

● 教師可以根據學生水準的高低，適當調整遊戲的難易程度。

99 5+2 比賽

目　的

提高學生投籃及搶籃板球的能力。

場地器材

籃球場 1 塊，籃球 2 個。

方　法

如圖所示，教師將學生分成 A、B 兩小組，分別站在罰球線的兩端。每名學生每輪只有一次投籃機會。

比賽開始，每組第一名投籃後衝搶籃板球，然後迅速

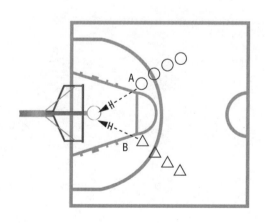

傳給本組的下一名隊員。每投中一次，本組得 1 分。如果一個小組要想獲勝，必須得到 5 分，然後再連續投中 2 個球。

規　　則

● 只有投籃隊員才能搶籃板球，其他隊員不能「幫忙」。

● 一個小組得到 5 分後，必須再連續投中 2 個球才算獲勝。

教學建議

● 教師可以根據學生水準的高低，適當調整遊戲的難易程度。

● 可以變換投籃地點。

第四章 綜合能力

100 原地判斷起動追拍

目　　的

提高學生的快速反應、快速起動、奔跑的能力以及動作的敏捷性。

場地器材

籃球場 1 塊。

方　　法

如圖所示，教師把學生分為人數相等的兩隊站在球場中線兩側，並指定一隊為單數隊，另一隊為雙數隊。

遊戲開始，教師高聲報出「單數」（或「雙數」），被報號的隊立即起動追拍對方；或採用未被報號的隊去追拍報號的隊的方式。

教師用長、短哨聲作為兩隊的代號，教師鳴哨後，學生根據哨聲作出判斷並立即起動追拍對方。

教師報出具體數字由學生作出判斷，若數字是單數則單數隊起動追拍對方；若數字為雙數則雙數隊起動追拍對方。

規　　則

● 兩隊距中線的距離必須相等。

● 追拍的隊必須在場內「觸拍」到對方才算有效。

● 追拍者「觸拍」到對方則可，不得推人。

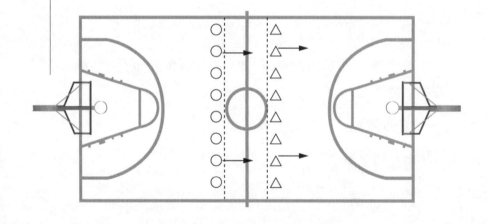

101 聽音變向抓人

目　　的

發展學生在快速移動中的急停、轉身的能力。

場地器材

籃球場 1 塊。

方　　法

如圖所示，學生相隔 2～3 公尺分散站立於球場的邊線和端線上，並按順時針（或逆時針）方向快跑，後者抓前

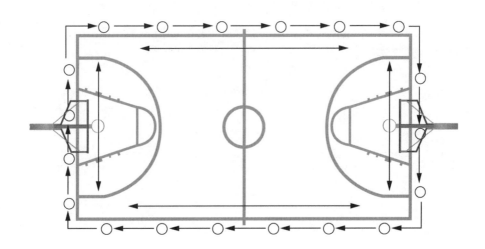

者，聽教師鳴哨後馬上急停轉身，仍為後者抓前者，如此反覆進行。計算個人被抓住的次數，被抓住次數多者受罰。

規　則

● 遊戲者必須沿球場的界線跑動，轉角處亦然；不得跑成「圓圈」，否則按犯規處理。

● 只有「抓住」對方才算有效。

● 犯規者必須退出比賽，直到下一輪開始才能重新參加。

教學建議

● 如參加遊戲的人數多，可分批進行；或允許在場內各線交點處變方向跑動，例如，在邊線與中線交點處跑進中線再折入另側邊線，或經三秒區線、罰球線再轉入同一端線等等。

● 如參加遊戲的人數少，可只在場內沿各線跑動，例如，分別沿限制區，或三個圈，或三個圈連線，或某個半場等等。

102 搶「三線」

目　　的

提高學生的快速反應、跑動能力；改進起動、急停技術。

場地器材

籃球場 1 塊。

方　　法

如圖所示，全體學生成橫排站立於球場端線外。約定場上兩端線和一條中線的代號分別為「1」「2」「3」。

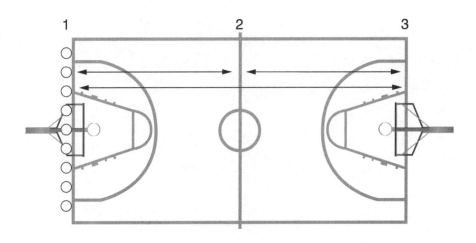

遊戲開始，當教師喊出某線代號時，全體學生立即跑到該線處並以跳步急停動作使雙腳落於該線上，或以跨步急停動作使某一腳觸及該線，最後到達該處者為負。

規　　則

● 必須按規定使雙腳落於某線，或使單腳觸及某線，否則為犯規。

● 犯規者應自動退出比賽；或當即處罰，例如，罰其做三個俯地挺身等，但無論如何，對犯規者的處罰應重於在遊戲中對負者的罰則；也可規定只罰犯規者不罰負者。

103 衝過「封鎖區」

目　的

發展和提高學生快速奔跑中變方向和動作的能力。

場地器材

籃球場 1 塊，籃球若干個。

方　法

如圖所示，把學生分為人數相等的甲乙兩隊，甲隊先分兩組站在球場兩側的邊線外，每兩人一球向場內傳擲；

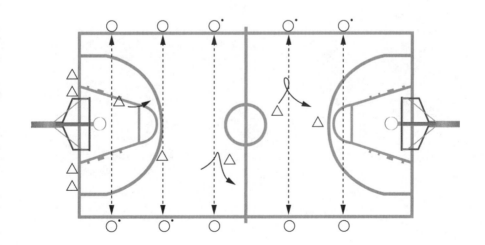

以整個籃球場為「封鎖區」；乙隊站在球場端線外，當聽到教師鳴哨後立即起動，以快速跑、跳、變方向、躲閃等方法衝過「封鎖區」到另一端端線外。在「封鎖區」內被甲隊擲出的球擊中者退出場外，每衝過一個人得 1 分；甲乙兩隊互換進行，得分多者為勝。

規　　則

●擲球人不得踏線或越過邊線進行擲球擊人，否則罰其停止比賽一輪。

●擲球人不得用球擊隊員腰部以上的部位，否則罰其停止比賽一輪。

104 換球投籃接力

目　　的

提高學生運球、投籃技術的銜接和應用能力，發展學生的靈敏性和速度素質。

場地器材

籃球場地 1 塊，籃球 6 個。

方　　法

如圖所示，在籃球場罰球圈和中線靠邊線處直徑 0.5 公尺的圓圈內各放一個籃球。教師可將學生分成人數相等

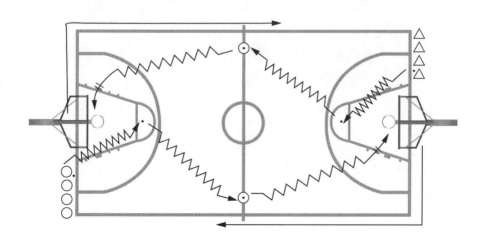

的兩隊，分別站在球場端線外的兩側，排頭手持籃球。

　　遊戲開始，教師發令後，排頭運球至本半場的罰球圈將手中球與放至圓圈內的球對換後運至中線處，再與圓圈內的球對換後運球上籃，投中後迅速運球從場外返回本隊，將球交給本隊第二人後站到隊尾。第二人按同樣方法進行，直至全隊做完為止，以先做完的隊為勝。

規　　則

● 交接球換人時，必須站在端線外。

● 運球至圓圈時必須換球，並將手中的球在圓圈內放穩後才能繼續運球前進。

● 運球人不得持球跑。運球失誤，則應從失誤處重新開始。

● 必須投中後才能返回。

教學建議

● 可要求運球人在換球後改為換手運球，以增加遊戲的難度。

● 在投籃命中後，可允許傳球給本隊第二人，但接球人在接到球之前不得進入場內。

105 智奪圈中球

目　的

發展學生的快速起動和應變能力。

場地器材

籃球場 1 塊，籃球 3 個。

方　法

如圖所示，在球場的三個圓圈內各放一個籃球，學生分成人數相等的兩隊，成橫隊面向場內，站於兩邊線外，

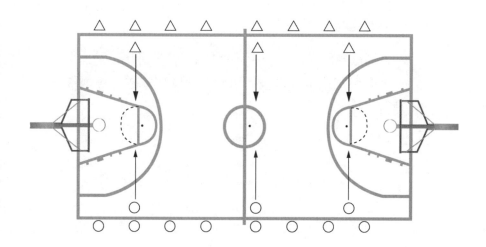

兩隊各出三人面向三個圓圈相對而立。

　　遊戲開始，聽到信號後兩隊的六人迅速跑向三個圓圈去爭搶圈內的籃球，搶到球並跑出圈者得 1 分；如果搶到球但還未跑出圈，被對方拍到身體，則雙方均不得分。然後兩人回到各自的隊尾，由兩隊第二批三人按同樣方法再爭圈中球。遊戲直至全隊每名隊員都完成一次止，以積分多的隊為勝。

規　　則

　●不得搶跑，否則必須重新開始。

　●在爭搶圈中球時，雙方若速度相近時可在圈外尋找機會搶球。一旦進入圈內而不搶球即算失敗，若一人被判為失敗則判給對方得 1 分；若雙方被判為失敗則雙方不得分，退回本隊重新開始。

　●搶球時，雙方只能用手觸拍對方身體，不得推、拉、撞、打或用腳絆對方，否則算對方得分。

教學建議

　●可改為兩隊各出一人只爭奪中圈的一個球。

　●若參加遊戲人數多，可分為 4 隊或 6 隊，每兩隊一組進行對抗。

106 巧入營門

目　　的

提高學生的變向移動能力、速度和靈活性。

場地器材

籃球場 1 塊，籃球 4 個。

方　　法

如圖所示，把學生分成人數相等的兩隊，以球場中線為界，兩隊各以半場為「營」。在中線上放四個籃球，各

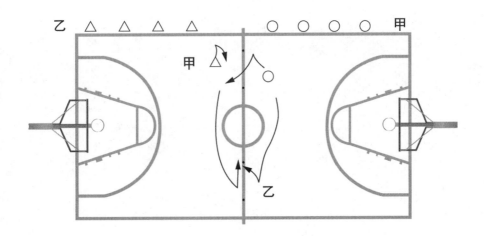

球間相隔 2 公尺左右，作為雙方「營門」。

　　遊戲開始時，雙方各出一人站在各自營門前。教師指定甲方為攻方，乙方為守方。甲方設法利用虛晃、變向等假動作擺脫乙方的防守從營門中進入對方「營地」；乙方則採用各種防守步法拍擊對方，不讓其進入「營地」。如果甲方進入對方「營地」又未被對方拍擊到，則甲方得 1 分；若被乙方拍擊到則算乙方得 1 分。易人再戰，互換攻守。在規定的時間或次數內以得分多者為勝。

規　則

　　●攻方必須從「營門」中間進入對方「營地」，否則無效。

　　●守方不能越過「營門」去拍擊對方，否則擊中無效。

　　●攻方隊員已明顯進入對方「營地」後，守方隊員就不得再追拍，否則判對方得分。

107 穿 過「樹林」

目　　的

提高學生的防守滑步和起動速度及團結協作的戰術意識。

場地器材

籃球場 1 塊。

方　　法

如圖所示，把籃球場兩邊線規定為「安全線」，把學生分為人數相等的甲乙兩隊；甲隊在球場兩籃筐的假想連

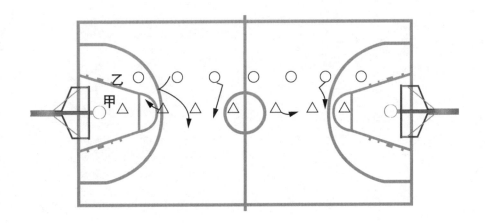

線處站成一排，相互間隔 1 公尺左右組成「樹林」，乙隊為進攻的「穿林人」。

遊戲開始，甲隊利用滑步、反跑、轉身等移動技術設法堵住乙隊的進攻，不讓其從「樹林」的間隔中穿過；乙隊則設法利用各種步法力爭短時間內穿過「樹林」，每人次得 1 分。兩分鐘後雙方交換攻防。得分多的隊為勝。

規　　則

●組成「樹林」的每個間隔只能由一名進攻隊員設法穿過，否則按多餘人數的多少判給對方得分。

●防守者在進攻者穿過「樹林」時抓住對方為有效，一旦對方穿過後，在其到達另側「安全線」前拍到對方也有效。

教學建議

●若參加遊戲的人數多，可分成三組，用積分方法三組對抗。

108 爭 搶 看 號

目　的

提高學生的腳步移動的靈活性，培養進攻意識。

場地器材

籃球場 1 塊。

方　法

如圖所示，把學生分為 A、B 兩隊相對而立，先由教師在各人背後寫上號碼。

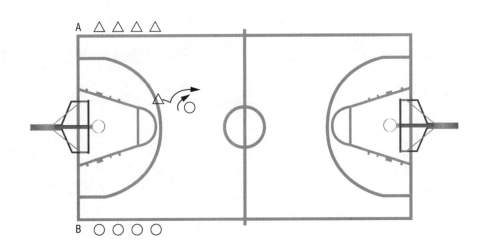

　　遊戲開始，各隊先出一人，相互利用快速腳步移動的方法設法看對方背後的號碼，先看到者得 1 分，然後雙方第二人出列進行同樣比賽，直到全隊完成。積分多的隊獲勝。

規　　則

　　●隊員背後的號碼只能讓同伴和教師知道，否則無效。

　　●只能用腳步移動來看對方的背後，不得抓住對方來看。

教學建議

　　●此遊戲可全隊同時進行，計算規定時間內雙方看到對方的號碼次數，多者為勝。

　　●可以嘗試 3～5 人一組集體進行。

　　●可以改為有號一方為防守，沒號的另一方進攻看號，運動方式是從一端線到另一端線。

109 界外球遊戲

目 的

提高學生擺脫和防守時的腳步移動技術。

場地器材

籃球場1塊，籃球4個。

方 法

如圖所示，以球場的縱軸線和中線為準，把場地劃分

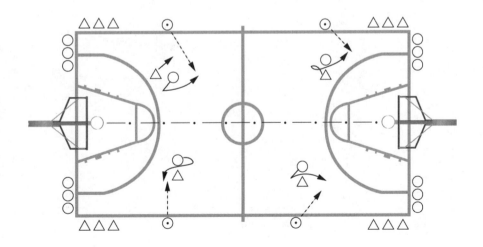

為四個區，每個區的邊線外站一人並持球，為固定的擲邊線界外球的人。把學生分為人數相等的兩隊，每隊再分為四組，分別站立於球場左右兩側的邊線與端線外。

遊戲開始，四組同時進行，各組雙方以猜拳決定攻、守。進攻隊員在本區內以各種腳步移動，在 5 秒鐘內設法接住擲邊線界外球者擲出的界外球，即得 1 分；防守隊員則儘量不讓對方在 5 秒鐘內接到球，如攻方未接到球，則守方得 1 分。

然後各組的第二對上場。全隊每人都做一次後，累計全隊得分，積分高的隊為勝。

規　則

● 攻守雙方只能在 1／4 場內移動。
● 不得用拉、推、絆等犯規方法進攻或防守。
● 只能在規定的範圍和時間內接到球才算成功。

110 控球與搶球的角逐

目　　的

提高學生的腳步移動靈活性和分析判斷能力。

場地器材

籃球場 1 塊，籃球 2 個。

方　　法

如圖所示，把學生分為人數相等的兩隊，分散在全場範圍內。

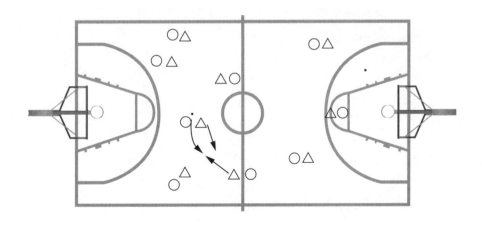

遊戲開始，雙方在中圈跳球，得球的一方即為控球隊，抱著球躲避搶球方的追拍，同時邊跑邊讀數，此時場內的搶球隊員則一起去追拍控球人，控球人若被搶球隊員用手觸及到身體任何部位時，即為被捉到，此時遊戲暫停，被捉到的人把球交給用手觸摸到他的搶球人，同時退出場；遊戲再次以同樣的方式進行，這時控球隊與搶球隊角色已經互換。

如果控球人感到自己有被捉到的危險時，他可以及時把球拋給同伴，那麼，搶球方再去追拍新的控球人。在規定的單元時間內，控球時間最長、讀數最多的隊得 1 分；最後計算雙方積分，積分多的隊為勝。

規　則

● 控球人不得跑出球場範圍以外，否則罰其出場，交出控球權。

● 控球的時間不累計，只計算一次全隊控球的最長時間。

● 控球人把球拋出時不得拋到半場以外，否則罰其出場，交出控球權。

111 智搶圈中球

目　的

綜合提高學生各種攻防步法的動作品質。

場地器材

籃球場 1 塊，籃球 1 個。

方　法

如圖所示，把籃球放在球場半場的罰球弧內，再把學生分為人數相等的兩隊。一隊為進攻隊，分散站立在球場

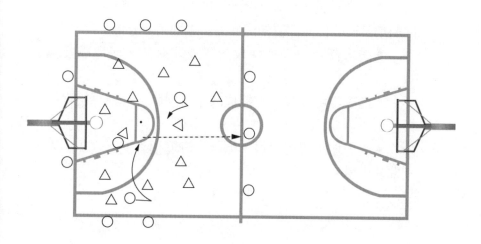

半場內的兩邊線、中線、端線外；另一隊為防守隊，也都分散站在半場範圍內。

　　遊戲開始，進攻隊由各種步法移動，避開防守，進入半場的罰球弧內搶球，搶到球並順利把球傳給半場外的同伴手中，得 1 分；防守隊則以各種防守步法進行防守，不讓攻方搶到球，並設法在場內抓住進攻隊員。

　　若進攻隊員被抓住，則退出場外不准再進場。若攻方把球搶到並向外傳球時，防守隊員可及時搶斷該球，並把它放回原處。

　　直到規定時間到，雙方互換攻守。最後以積分多的隊為勝。

規　　則

　　● 進攻隊員必須從半場外設法進入場內搶球，若在此過程中被對方抓到，必須退出半場界線外不准再進場，否則判其失 1 分。

　　● 防守隊員只能在半場界線內的區域防守對方，不得踩線或身體的任何部位伸出界外，否則判對方得 1 分。

　　● 防守隊員只有抓住攻方隊員才有效，僅僅觸及無效。

　　● 進攻隊員在被守方抓住時不得掙脫，否則算被守方抓住。

　　● 雙方均不得用手推、腳絆、身體頂等進行攻防，否則罰其出場。

112 兩圓輪轉傳球

目 的

訓練學生把球傳給最適當的接球者的傳球能力。

場地器材

籃球場地 1 塊，籃球 2 個。

方 法

如圖所示，在場地上畫出直徑 10 公尺、7 公尺的兩個同心圓。把學生分成人數相等的兩組，每組安排 6～7 名學生分散在大圓圈外，並規定他們要沿著順時針的方向跑動。

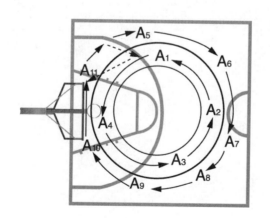

另外 4～5 名學生站在小圓圈外，規定他們要按逆時針方向跑動，大圈外和小圈外各有一名學生持球。

遊戲開始時，兩組的學生分別按規定的方向開始繞圈跑動，持球的兩名學生分別向不同的圓圈外跑動的學生傳球，而接球後的學生要立即將球傳給不同圈的學生，如此內外兩圈的學生在不停的跑動中傳接球，直至規定的時間為止。

傳接球過程中出現失誤或違例次數少的組獲勝。

規　則

● 不限定傳接球的方式。

● 在規定時間內傳接球失誤或違例次數少的一組獲勝。如果失誤、違例次數相等，則總傳球次數多者獲勝。

教學建議

● 此遊戲可以根據人數的多少來分組，每組使用的球數也可以增減。

113 搶斷傳球

目　的

提高學生防守、傳球、移動、判斷等綜合能力。

場地器材

籃球場 1 塊，籃球 1 個。

方　法

如圖所示，把學生分為人數相等的兩隊，兩隊進行傳球與防傳球攻守對抗。

遊戲開始，兩隊在中圈跳球，獲得球權的一方進攻，

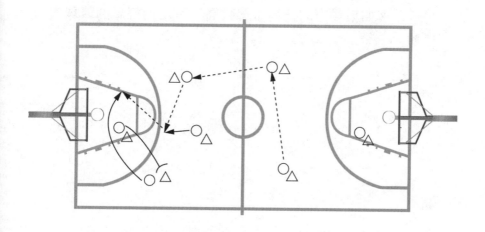

則另一方防守。進攻方隊員之間相互傳球（不允許只在兩隊員之間相互傳球），防守方隊員則積極防守、並抓住時機進行搶斷。

進攻方無球隊員利用快速腳步移動擺脫防守隊員的防守，尋找機會接球。如果進攻方成功地傳球 8 次，則獲勝一局。雙方可以三局兩勝定勝負，負方要得到一定的懲罰。

規　則

●進攻方不能投籃和運球，但可以由反跑、掩護進行擺脫。

●防守方搶斷成功，則成為進攻方，另一方要立即進行防守。

●其餘規則按籃球比賽規則執行。

教學建議

●可令進攻方的每次傳球都要大聲地喊出來。

●如果雙方的技術水準較高，可增加每局的傳球次數。

114 傳 球 抓 人

目　　的

提高學生傳球、移動、判斷等綜合能力。

場地器材

籃球場 1 塊，籃球 1 個。

方　　法

　　如圖所示，學生分散站在籃球場的半場內，教師指定兩名學生（持 1 個球）為最初的抓人者（圖中○），其餘學生要由判斷、移動躲避抓人者。

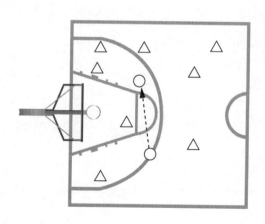

　　遊戲開始，兩位抓人者通過移動、選位和傳球進行抓人，抓人者只有持球觸到其他人方為抓到，傳出的球觸到其他人不算。抓人者不能走步違例，否則抓到無效。被抓到的同學則變為抓人者。最後一名未被抓到的同學為勝。

規　　則

- 抓者人只能傳球，不能運球。
- 球脫離手之後抓到人無效。

教學建議

- 教師可指令兩名傳球技術較好的同學先作為抓人者。
- 也可以令抓人者在規定時間內必須將所有人抓到。

115 籃球式「手球」比賽

目　　的

提高學生的傳接球技術，培養攻防配合意識，發展其速度和靈敏素質。

場地器材

籃球場 1 塊，籃球 1 個，4 根立柱。

方　　法

如圖所示，以球場的限制區為球門區，在限制區線與端線的交點處放兩個立柱作為球門。把學生分為人數相等

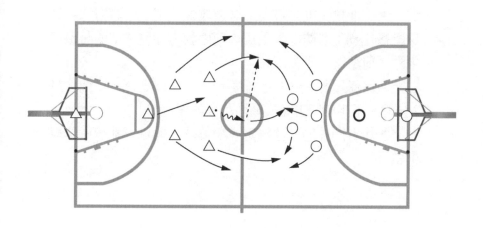

的兩隊，各選一名守門員，並由兩隊隊長猜拳決定攻守。

　　遊戲開始，兩隊隊員站在本方一側半場，進攻隊持球準備進攻，防守隊做好準備。教練員鳴哨後，進攻隊利用相互間傳接球和運球向對方球門推進，並尋找機會射門；防守隊則組織防守設法阻止對方射門，並積極搶斷球組織反攻。進攻隊把球射進球門得 1 分，在規定時間內以得分多的隊為勝。

規　　則

　　●攻守雙方均不得踩球門區線或進入球門區，否則判對方擲邊線任意球（守門員除外）。

　　●進攻隊把球射入對方球門得 1 分，然後由對方在中線發球繼續比賽。

　　●射門時，球必須從守門員頭部以下的高度進入球門，否則無效。

　　●守門員觸球出邊線，由對方發球；如守門員觸球出端線則由守門員發球門球。

　　●不准拉、推、打人。若進攻隊犯規，由對方擲邊線球繼續比賽；若防守隊犯規，則由對方在發球區的弧頂正中點「罰點球」。

　　●比賽分上下兩半時，每半時 10～15 分鐘，中間休息 2 分鐘，下半時雙方交換場地和發球權。

　　●除射門外的其他規定，如傳球、運球等都按籃球規則執行。

116 籃球式「壘球」比賽

目　　的

增強學生傳接球的準確性，擴大其視野，提高奔跑速度。

場地器材

籃球場 1 塊，籃球 1 個。

方　　法

如圖所示，在籃球場地半場的四角各畫一個邊長為 40 公分的正方形，分別命名為「本壘」「一壘」「二壘」和「三壘」，在「本壘」與「二壘」的對角線上，距「本壘」6～7 公尺處畫一條長約 80 公分的橫線，稱之為「投球線」。把學生分成人數相等的甲（○）、乙（△）兩隊，甲隊為防守隊，出四個人分別站在四個壘外一步遠的地方做「守壘員」，再出一人擔任「投手」持球站在投球線上；乙隊為進攻隊，排頭單腳踏壘準備跑壘，其餘隊員成橫排站在本壘後方。

遊戲開始，甲隊從投手開始依次向本壘、一壘、二壘、三壘的順序傳球給本方的守壘員；乙隊排頭則在甲隊投手的球離手的瞬間立即起動、依次跑向一壘、二壘、三

壘，每到一個壘必須踏及該壘的壘區再向下一壘跑去。

如比甲隊的傳球先返回本壘，則得 1 分；若球先返回「本壘」，則跑壘員出局。若攻方有三人先後被判出局，則雙方互換攻守。雙方在進行完規定的局數後，以積分多的隊為勝。

規　　則

● 投手出球後，跑壘員才能起動，跑壘時必須依次經過並踏及各壘區。

● 守壘員接球後必須踏入壘區，方能依次把球傳給下一壘的同伴。

● 守壘員不得阻擋、推、絆跑壘員，也不得用球擲擊跑壘員。

● 犯規者，若是攻方則不得分並判其出局，若是守方則直接判給對方 1 分。

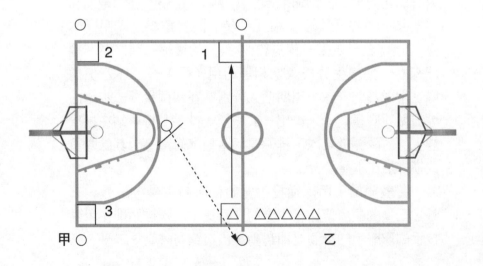

117 只傳不運挑戰賽

目　的

提高學生在快速奔跑和對抗中的傳接球能力，培養傳球意識。

場地器材

籃球場 1 塊，籃球 1 個。

方　法

如圖所示，把學生分為三人一隊的若干隊，其中兩隊首先比賽。採用籃球比賽的方法，在中圈跳球展開全場範圍內的三對三攻守對抗（不得運球），進攻一方每投進一球得 1 分。在

規定時間內得分多的隊為勝，負方算作被打下「擂臺」，另換一隊上場與勝方進行新的比賽。

規　則

●比賽過程中，進攻隊不得運球，否則為違例，由對方擲界外球繼續比賽，其餘規則按籃球比賽規則執行。

⑪⑧ 傳切接球反擊對抗賽

目　　的

提高學生快速移動中傳、接球與投籃技術的能力。

場地器材

籃球場 1 塊，籃球 2 個。

方　　法

　　如圖所示，把學生分為人數相等的兩隊。以球場縱軸線為準，把球場分為兩半場，兩隊各佔用半邊。每隊首先由三人上場，其中兩人各站在兩罰球線的一端準備接策應傳球，另一人則持球在中線後準備起動，其餘隊員成橫隊分別站立在兩邊線外。

　　遊戲開始，以一組為例，在中線後的③把球傳給前場罰球線上的①，並迅速跑向①接他的回傳球上籃，上籃後不管投中與否，迅速到籃下搶籃板球，並以最快的速度傳給向外拉出接應的①，①接③的球後立即把球長傳給在另一罰球線上的②，並快速跑過去接②的回傳球上籃（③到①的最初位置）。然後自搶籃板球並傳給向外拉出的②，自己則退出場外站到本隊隊尾，②再長傳球給對面罰球線的隊員而後快下。原來②所站的位置則由本隊的④補上。

如此反覆進行，直到有一隊出現傳接球失誤，結束一個回合，未出現失誤的隊為勝。雙方交換場地再進行同樣的比賽，以三盤兩勝或五盤三勝分出最後勝負。

規　　則

● 允許運球，但腳踏中線前必須傳球出手，否則判為違例。

● 凡違例或傳、接球失誤，判其在本隊最後重做一次。

教學建議

● 可改為在規定時間內傳接球失誤次數少的隊為勝。

● 可改為全隊每人進行一次後，以投中次數多的隊為勝。

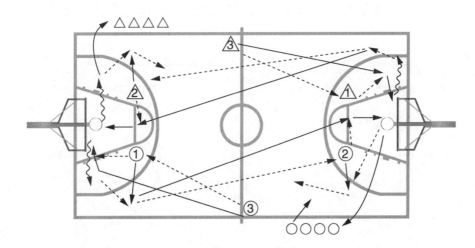

119 投、搶、補比賽

目　的

提高學生投籃的準確性，培養投、搶、補的意識。

場地器材

籃球場 1 塊，籃球 4 個。

方　法

如圖所示，把學生分為人數相等的四隊，兩隊用一個球籃，各按指定的地點站好，排頭各持一個球。

遊戲開始，投籃者做原地跳投，然後立即衝搶籃板

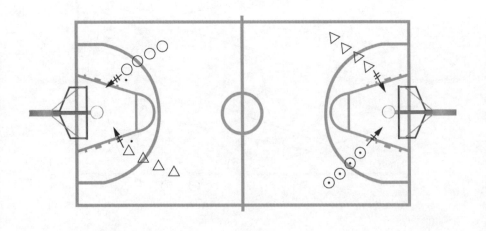

球。如在球未落地前搶獲籃板球，可在搶到球的地點補籃一次，然後把球傳給本隊下一個人。

以下隊員以同樣方法依次進行，每次跳投命中得 2 分，補籃命中得 1 分。當有一隊的積分達 40 分時，遊戲結束，按積分多少排列名次。

規　　則

●跳投不能超出規定的範圍，否則命中無效。

●不管跳投是否命中都可以衝搶補籃，但只要球先落地，補籃無效。

●不得故意干擾對方投籃，否則被干擾的球不管命中與否均算得分。

120 連續傳切上籃對抗賽

目　　的

磨練學生投籃的基本功，提高學生綜合運用技術、戰術的能力。

場地器材

籃球場 1 塊，籃球 2 個。

方　　法

如圖所示，依球場的縱軸線把球場劃分為兩個半場，每隊各出隊員 A 和 B 為固定傳球人。把學生分為人數相等的兩隊，面向場內站立在端線後，排頭各持一球。

遊戲開始，兩隊從排頭開始按順序進行以下傳切上籃：從端線後原地把球傳給 A——向前快跑接 A 的回傳球——把球傳給 B——向前快跑再接 B 的回傳球上籃（若上籃未中要補中）——投中或補中後搶籃板球立即傳給 B 再接 B 的回傳球傳給 A——接 A 的回傳球換另一隻手上籃——投中或補中後把球交本隊下一個同伴繼續遊戲。如此反覆進行，直到全隊每人做一次，以速度快的隊為勝。

規　　則

* 上籃隊員必須在一去一回中分別用左右兩手上籃，否則命中無效。
* 上籃隊員必須用與上籃相同的一隻手進行補籃。
* 跑動中傳、接球走步，該隊員必須返回原處重做一次，上籃時走步命中無效。
* 必須用手遞手交球的方式把球交給同伴，否則該隊員必須重做。

教學建議

* 此遊戲可改為在規定時間內或在規定人數內投中次數多的隊為勝。
* 可改為迎面傳切接力比賽的方式進行。

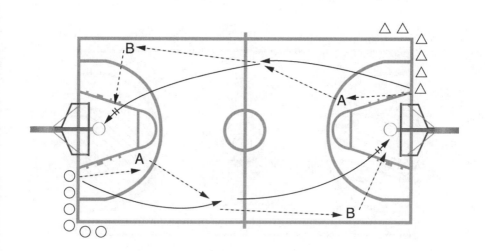

121 搶球攻堡壘

目　　的

提高學生對抗中運球技術的運用能力。

場地器材

籃球場 1 塊，每兩人 1 個籃球。

方　　法

如圖所示，在中圈內畫一個直徑為 1 公尺的同心圓，以球場的限制區為「堡壘」，不設專門防守，把學生分為人數相等的兩隊。

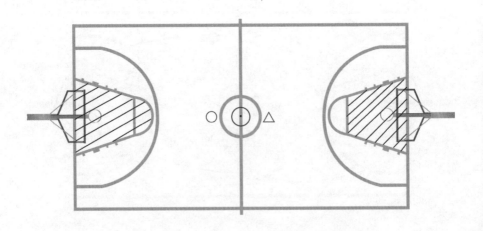

遊戲開始時，在中圈放一球雙方各出一人，兩人面對站在中圈線外靠近本方「堡壘」一側。教師鳴哨後兩人進入中圈內、同心圓線外位置，用手把球撥向自己一方，同時迅速把球拿起，用各種方式運球擺脫對方防守進入對方限制區「堡壘」得 1 分。未搶到球者為防守隊員，他可以運用各種防守方法把進攻者的球截獲並運球進入對方「堡壘」反得 1 分。

如雙方的攻防在 20 秒內沒能結束，或防守者把球拍出界外，或運球者自己運球失誤而使球出界，則兩人對抗以雙方不得分結束；然後換雙方第二人進行同樣的對抗，直至雙方所有人對抗一次後，計算雙方得分，得分多者獲勝。

規　　則

● 每次遊戲開始時的搶球，只能在同心圓線外用手把放在地上的球先撥向自己才能拿起來運球突破。

● 運球突破時必須按籃球競賽規則進行，不得違例。

● 防守者只能運用規則允許的技術防守，不得推、拉、打人。犯規判對方得 1 分。

● 允許從限制區的正面或兩側運球突破防守進入「堡壘」。

122 籃球式「橄欖球賽」

目　的

提高學生在對抗中綜合運用運球、防守及戰術組合的能力。

場地器材

籃球場 1 塊，籃球 1 個。

方　法

如圖所示，在中圈內畫一個直徑為 1 公尺的同心圓放球（稱為放球圈），在中圈外畫一個直徑為 3 公尺的同心圓，以球場的限制區及區線為「球門區」不設守門員，把學生分為人數相等的兩隊（5～7 人為宜）。

遊戲開始時，雙方各出一人，兩人面對面站在中圈線內，在放球圈外，其他隊員分散在大同心圓的線外準備比賽。

教師鳴哨後，兩人用手把球撥向自己的一方，同時迅速把球拿起，或傳給同心圓外的同伴，或運球躲閃對方。把球最終帶進「球門區」得 1 分。未搶到球者則防守，他可以運用各種防守方法，或組織好全隊防守戰術。把進攻者的球截獲從而轉成進攻方，也可以得 1 分。得分後從中

圈再開球比賽。

　出現推、拉等嚴重犯規者罰下場 2 分鐘，並判對方得 1 分。2 分鐘後再上場參賽。

規　　則

　●每次遊戲開始時的搶球，只能在同心圓線外用手把放在地上的球先撥向自己才能拿起來運球突破。

　●運球突破時必須按籃球規則進行，不得違例。

　●防守者只能用規則允許的技術防守，不得推、拉、打人。

　●允許從限制區的正面或兩側運球突破防守進入「球門區」。

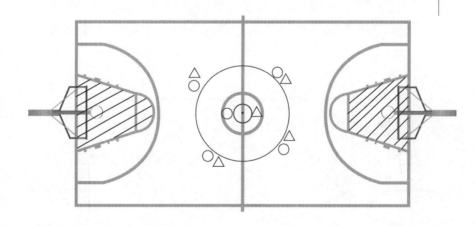

⑫⑬ 半 場 單 挑

目　的

在對抗中熟練突破技術，體會如何把握突破時機。

場地器材

籃球場 1 塊，籃球 2 個。

方　法

如圖所示，把學生分為人數相等的甲、乙兩隊，各成橫隊面向場內站立於半場的邊線外。首先指定由甲隊進

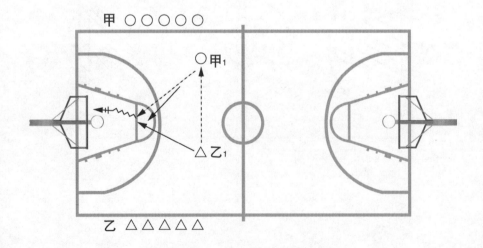

攻，乙隊防守。

　　比賽開始，雙方各出一人，乙₁持球並把球傳給甲₁，然後跑向罰球線中點處背向球籃接甲₁的回傳球，甲₁傳球給乙₁後立即起動跑至乙₁面前，做跳步急停接乙₁的回傳球再做持球突破上籃。乙₁即變成防守隊員防住甲₁的突破，直到甲₁投籃，或突破上籃成功，或球被乙₁打出界外，或違例，結束一個回合。若甲₁進攻成功則甲隊得 1分；反之則乙隊得 1 分；然後把球交給雙方第二人並互換攻守進行同樣的對抗，最後全隊每人都做完一次後，累計雙方得分，得分高的隊為勝。

規　　則

　　● 進攻成功的標誌是：進攻隊員投中或突破上籃投中或搶籃板球後補中。

　　● 防守成功的標誌是：防守隊員把對方的球打出界外，或搶斷成功，或封蓋住對方的投籃，或對方違例、犯規，或投籃未中，或未補中。

　　● 其餘規則按籃球競賽規則執行。

124 半場一打一

目　　的

熟練各種突破方法的運用與要求。

場地器材

籃球場 1 塊，籃球 2 個。

方　　法

如圖所示，把學生分為人數相等的甲、乙兩隊，每隊出一人進行攻守對抗：甲₁為進攻，乙₁為防守；甲₁把球

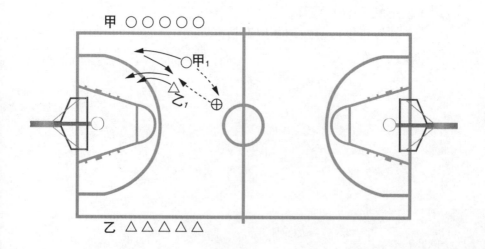

交給位於中線附近的教師後，利用快速移動步法擺脫防守隊員乙₁的防守，接教師傳出的球，然後面向對手並突破對手上籃；防守隊員則努力阻止對方突破得分。

　　若進攻成功則進攻隊得 1 分，反之則防守隊得 1 分。然後雙方換下一名隊員進行同樣的對抗，直到兩隊每人都做一次後，雙方互換攻防。最後計算雙方得分，得分高的隊為勝。

規　　則

　　● 每隊每人都要進行一次攻防才能計算積分，若最後雙方積分相同，則雙方各派一名隊員進行一次攻守後定勝負。

　　● 進攻成功的標誌是：進攻隊員投中，或突破上籃投中，或搶籃板球後補中，或造成對方犯規。

　　● 防守成功的標誌是：防守隊員把對方的球打出界外，或封蓋住對方的投籃，或對方違例、犯規，或投籃未中，或未補中。

　　● 其餘按籃球競賽規則執行。

125 突破放球

目 的

提高持球突破能力，以及持球突破與其他技戰術結合運用能力。

場地器材

籃球場 1 塊，籃球 1 個。

方 法

如圖所示，把學生分為人數相等的甲乙兩隊。以整個球場為範圍，把兩個半場的三分線和端線所構成的區域劃

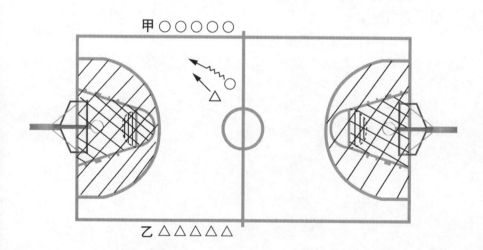

為「大禁區」，把兩個限制區劃為「小禁區」，罰球圈虛線和罰球線構成的區域為「放球區」。

　　遊戲開始，雙方各出一名隊員在中圈跳球，搶到球的一方為進攻隊，未搶到的為防守隊；防守隊員可在自己半場的三分線外防止對方進入「放球區」內放球，進攻隊員則運用各種突破動作以及突分配合等，突破對方的防守，把球放到對方「放球區」內，進攻隊得 1 分，然後由失分隊擲界外球再進行同樣比賽，直到規定時間到，得分高的一隊為勝。

規　　則

　　●防守隊員不得進入三分線後的「大禁區」內進行防守，否則算對方直接得 1 分。

　　●進攻隊員只能用突破技術運球或接球進入「放球區」，抱球進入得分無效。

　　●進攻隊員只能從「放球區」的正面進入「放球區」放球，不得經「小禁區」進入，否則放球無效。

　　●雙方均不得推、拉、頂、撞對方，進攻者犯規或違例，由對方擲球繼續比賽；進攻者犯規，算對方直接得 1 分。

126 二 球 一 賽

目　的

提高學生的靈敏性和應變能力。

場地器材

籃球場地 1 塊，籃球 2 個（球要有明顯的區別，比如顏色不同）。

方　法

如圖所示，首先選出兩名主裁判，兩名助理裁判，然後以 5～6 人為一隊，把學生分成若干隊。遊戲時，兩個隊上場比賽，其他隊準備替換負隊。

遊戲開始時，雙方各有一名隊員手持球站在自己半場的端線外準備發球。兩隊用兩球攻守。當裁判員鳴哨後，各自發球開始比賽。

比賽時，兩隊同時在場上傳遞、運球、突破，力求將本隊的球投入對方籃內得分，同時又要設法阻截和防止對方的球攻進自己的籃內，並積極搶斷對方的球，力爭將其攻入對方籃內。

比賽中若有一方將球投中，比賽即可結束，勝隊留在場內繼續遊戲，負隊則被替換下場。比賽中，如一方將球

碰出界，則由助理裁判員視情況令對方在前半場或後半場發球。如有犯規主裁判負責判罰，由助理裁判執行規則。

規　　則

●比賽中出現犯規、違例、傳球出界等情況時，均按籃球競賽規則判其在犯規、違例、失誤一方的半場發球，而不執行罰球的條款。

●兩球一賽，除兩個球同時出界時才能停止全場比賽，比賽始終不得間斷，直至一方得分為止。

教法建議

●兩球一賽遊戲的運動量、密度較大，比賽時間不宜過長，勝負隊可同時下場，待各隊決出勝負後，勝隊與勝隊再重新組合比賽，避免連續獲勝隊負荷過大。

●有關比賽規則，可視實際情況根據正式籃球比賽的規則進行調整。

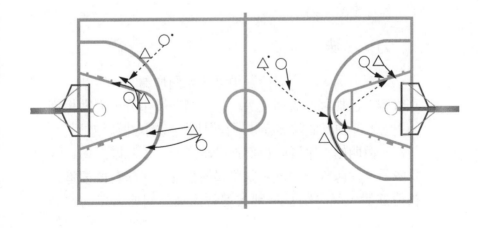

第五章
綜合素質

127 你捉我救

目 的

提高學生奔跑的速度和靈敏性。

場地器材

籃球場地半場

方 法

如圖所示，在半場範圍內以罰球圈作為「收容站」，「收容」已抓到的被追逐者。教師可將學生分成人數相等的甲、乙、丙三個隊，分散站在場地內（罰球圈以外）。

遊戲開始，甲隊隊員追逐乙隊隊員，乙隊隊員追逐丙隊隊員，丙隊隊員追逐甲隊隊員。追逐中，隊員既要追逐被追逐者，又要防止被別人追逐，被追到的人自動站到

「收容站」內，等待自己同隊隊員來營救（同隊隊員以手觸其身體即為得救），被營救後可出圈繼續遊戲。在規定的時間內，以被「收容」隊員最少的隊為勝。

規　則

● 被「收容」在罰球圈內的隊員，不得自行離開圓圈。

● 追逐時，嚴禁故意推、拉和衝撞。

● 被追逐者越出半場界限，即判被捉到。

教法建議

● 此遊戲可採用單足或雙足跳的方法進行追逐。

● 參加遊戲的人數過多時可在兩個半場同時進行。

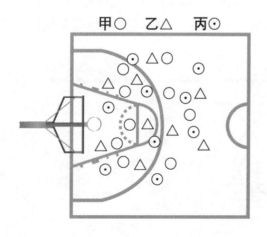

128 後排抓前排

目　的

提高學生的起動速度，發展快速奔跑能力。

場地器材

籃球場 1 塊。

方　法

如圖所示，把學生分成人數相等的兩隊成前後排站立，後排隊員位於球場端線上，前排隊員與之相距 2～3 步。教師發出「開始」信號後，兩排隊員同時起動，後排

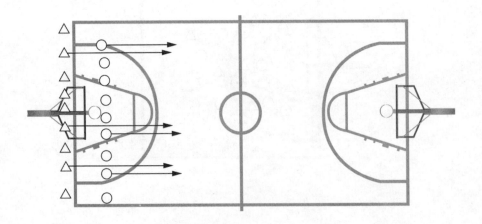

隊員在前排跑過中線或另一端線前拍擊或抓住對方者為
勝。然後，前後排交換位置再做回來，一個回合後計算雙
方被抓或被拍擊到的人數多少，少者為勝。

規　　則

- 必須抓住或拍擊到對方才算有效。
- 前排跑過終點未被後排抓住或拍擊到為安全。
- 後排只能抓或拍擊前排的對應隊員，不能抓別人。

129 見線折返跑接力比賽

目　　的

提高學生起動、急停和轉身技術，發展學生奔跑能力。

場地器材

籃球場 1 塊。

方　　法

如圖所示，把學生分為人數相等的兩隊站端線外。遊戲開始的信號發出後，兩隊排頭立即起動，快跑到罰球線

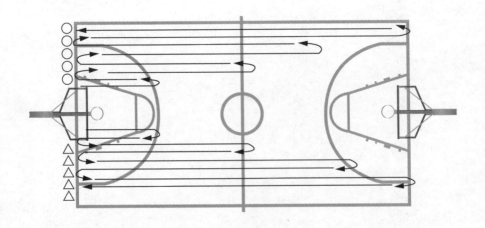

急停、轉身——跑回端線急停、轉身——快跑到中線急
停、轉身——快跑返回端線急停、轉身——快跑到另一罰
球線急停、轉身——快跑返回原端線、急停、轉身——快
跑到另一端線急停、轉身——快跑返回端線擊本隊第二人
的手，第二人按同樣的方法和路線快跑。直至全隊進行完
畢。先完成的隊為勝。

規　　則

● 必須跑到規定位置用一腳或用一手觸線才能折回。

● 兩人交接必須以擊掌為號，否則返回來擊掌後再起
動。

● 必須完成規定的折回次數。

● 違反上述規定者為犯規，凡犯規者罰其在最後重跑
一次。

130 行進中衝刺跑

目　　的

提高學生的快速反應、起動、轉換動作和速度的能力。

場地器材

籃球場或平整的空地 1 塊。

方　　法

如圖所示，學生成兩隊繞球場慢跑或向前走，教師每

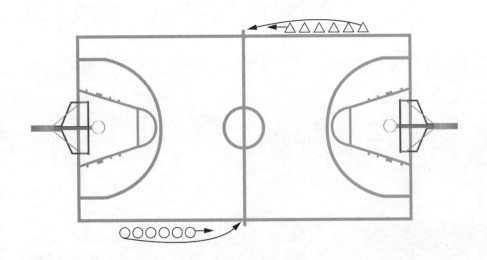

次鳴哨後，在排尾的兩人立即起動從隊的外側向排頭做衝刺跑，到達排頭位置後，換成慢跑或走步前進，先到者得1分。若干次後計算每縱隊的累計分數，積分多的隊為勝。

規　　則

● 縱隊的每個人相隔一臂距離，故意縮短距離者不得分；

● 每次都以教師鳴哨為起動信號，搶跑者不得分。

131 行進中側身跑

目　　的

提高學生的快速反應、起動、側身防守的能力。

場地器材

籃球場或平整的空地 1 塊。

方　　法

如圖所示，學生成兩隊繞球場慢跑或向前走，教師每次鳴哨後，在排尾的兩人立即起動從縱隊的外側面向隊伍

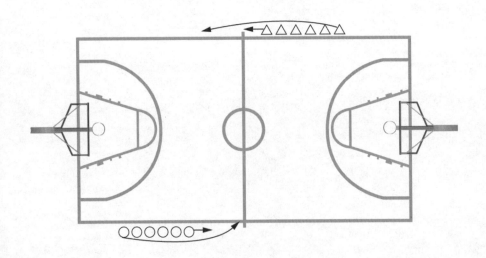

做側身跑，到達排頭位置後，換成慢跑或走步前進，先到者得 1 分。

若干次後計算每縱隊的累計分數，積分多者為勝。

規　　則

● 縱隊的每個人相隔一臂距離，故意縮短距離者不得分；

● 每次都以教師鳴哨為起動信號，搶跑者不得分。

132 後滑步撥球接力

目　　的

提高學生防守滑步技術，發展下肢及腰胯力量。

場地器材

籃球場 1 塊，籃球 2 個。

方　　法

如圖所示，把學生分成人數相等的兩隊，每隊又分為 A、B 兩個小組分列於球場兩端外，面向場內成縱隊站立。

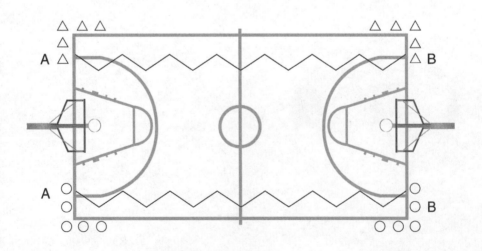

遊戲開始時，雙方 A 組第一個人先背向場內，邊向後撥球（球在地面滾動）邊做後滑步，左右手交換進行；把球撥至另一端線，以其中一腳踩該端線為信號，把球移交該隊第二個人即該隊 B 組第一人，他以同樣方法把球撥回去交該隊 A 組第二人。如此反覆進行，直到全隊每人完成一次為止。

規　　則

- 必須用後滑步動作做完全程。
- 在整個過程中，球不准離開地面。
- 必須有一腳觸及端線才能把球交給下一個人。
- 先完成的隊為勝。

133 跳起連續接拋籃板球

目　　的

發展學生的跳躍和判斷能力。

場地器材

籃球場地 1 塊，籃球 2 個。

方　　法

如圖所示，教師把學生分成人數相等的兩隊，成縱隊站在兩個半場的 3 秒區內，面對籃板站好，各隊排頭手持

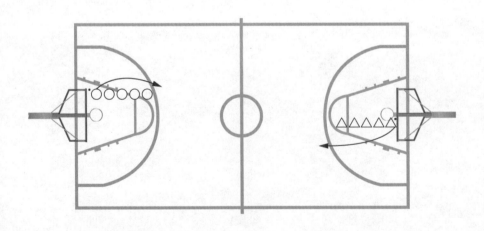

一個籃球，當教師發令後，排頭向籃板拋球；第二人判斷好球反彈的落點，並及時起跳在空中接球，同時再將球托向籃板；第三人按同樣方法接拋球，全隊依次進行。球著地或人未騰空跳起而將球接住並托向籃板，則應在原地重新做接拋球的動作。連續成功碰板次數多的隊為勝。

規　　則

● 接球，托球至籃板，必須跳起在騰空時完成，否則算失誤。

● 必須按順序依次接拋籃板球，每人每輪只准做一次。

教法建議

● 可在原地或行進間起跳。

● 排頭至籃板的距離，可視學生身體素質和技術水準增減。

134 曲線跑比賽

目　的

提高學生起動、變向及曲線跑能力。

場地器材

籃球場 1 塊，實心球（或籃球）若干個。

方　法

如圖所示，球場的兩條端線分別為起跑線和返回線，兩線間每隔 3 公尺放一個實心球或籃球。把學生分成人數

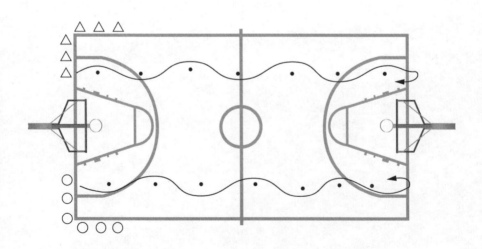

相等的兩隊，面向場內站於起跑線後。

　　遊戲開始時，兩隊第一人迅速起動，成曲線跑動，依次繞過所有的實心球並跑向返回線；用腳或手觸到返回線後再繞球返回。先完成的隊獲勝。

規　　則

　　● 繞實心球跑時不得越過、跨過、碰擊；若把球碰走應先把球放回原處再繼續前進。

　　● 必須踏到或觸到返回線才能返回，否則罰其在最後重做一次。

135 繞圈「8」字跑追逐

目　　的

提高學生側身跑技術和快速奔跑的能力。

場地器材

籃球場 1 塊。

方　　法

如圖所示，把學生分為人數相等的甲、乙、丙三隊，成三列橫隊站立於同一邊線外。

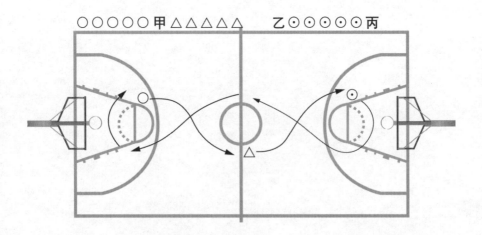

遊戲開始，每隊出一名隊員分別站立在中圈、兩個罰球圈的線外，三人按同一方向（順時針或逆時針）繞這三個圈做「8」字跑動，相互追逐，在規定的時間內（20～30秒）追拍到前面人者為本隊得 1 分；然後換上各隊第二名隊員進行同樣的追逐，直至遊戲結束，得分多的隊為勝。

規　　則

● 繞圈「8」字跑時不得踩線，否則觸拍到對方無效。

● 必須按規定路線追拍，三人在交叉時相互觸拍到對方無效。

教學建議

● 此遊戲也可採取側身跑或後退跑的形式進行。

136 相向躲閃跑

目 的

訓練學生靈活躲閃及應變能力。

場地器材

籃球場地或空地 1 塊。

方 法

如圖所示，在半場場地上畫一個直徑 8～10 公尺的圓圈。把學生分成人數為偶數相等的兩組，沿圓圈外側間隔 3 公尺面對面站好。同組的隊員應是同方向。

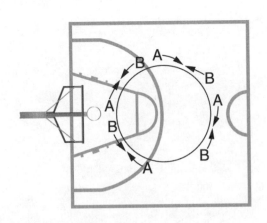

遊戲開始時，兩組的學生分別開始繞圈跑動，在兩組學生第一次相遇時，各向左側躲閃；第二次相遇時，各向右側躲閃。這樣連續躲閃跑動前進。跑 3 圈後錯誤少的一方獲勝。

規　　則

● 奔跑時躲閃的方向不得有錯，也不得踏入圓圈。

● 奔跑 3 圈後每人仍回到原來的位置，錯誤少的一方獲勝。

教學建議

● 此遊戲可以過渡到每人持一個球練習。

137 跑「壘」接力

目　的

提高學生快速跑動中急停、轉身的銜接能力。

場地器材

籃球場半場，籃球 4 個。

方　法

如圖所示，把籃球場的半個場地視做棒壘球場地，其四個角則視為棒壘球的四個「壘」，以各個角為圓心，0.5

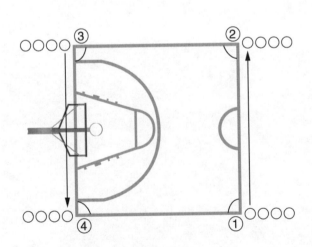

公尺為半徑畫一個半弧為「踩壘點」。把學生分成人數相等的四個隊，分別站立於四個「壘」的後面約 2 公尺處，成縱隊面向場內站立。各隊排頭各持一個籃球並以一腳踩「壘」準備起跑。

遊戲開始，各組排頭都按逆或順時針方向持球快跑，直到跑完三個「壘」，回到「本壘」位把球交下一名隊員繼續進行，直到全隊做完。先完成的隊為勝。

規　　則

● 跑「壘」的人必須在每個「壘」前做急停或轉身或變向跑動作，並把四個「壘」都踏完，不得漏踏，如果超越前面的人，必須從外側繞過去，不得從內線穿插過去，否則罰其重跑一次。

● 沒有輪到的隊員都要在「壘」線外，不得妨礙跑「壘」人。

● 必須手遞手交球，不得拋擲傳遞。

● 中途掉球允許撿起來繼續比賽。

138 放、撿球接力比賽

目　的

提高學生起動快跑、急停、轉身能力，發展移動速度。

場地器材

籃球場 1 塊，籃球 6 個。

方　法

如圖所示，把學生分為人數相等的兩隊，每隊 3 個球，面向場內站立。

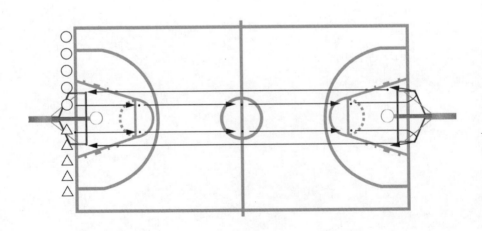

遊戲開始，兩隊排頭抱起 3 個籃球迅速起動，分別跑至三個圈內各放一個球，然後跑向對面的端線，手摸端線後返回拍擊下一人的手；第二人立即起動先跑至對面端線手摸端線後，依次把三個圈內的球撿回並交給本隊第三人；第三人再按第一人的動作重複。如此反覆進行，直到全隊做完，先完成的隊為勝。

規　　則

● 放球者要把球放在圈內，若球滾離圈內，由放球者重放，其他人不得幫忙；但若對方隊員有意把球弄出圓圈，則可立即宣判該隊為負，並結束比賽。

● 撿球者若抱球時漏球，由本人重新撿起，其他人不得幫忙。

● 無論放球或撿球人都必須手摸另半場端線後才能返回。

139 迎面撿放球接力

目　　的

提高起動快跑、急停、轉身能力。

場地器材

籃球場 1 塊，籃球 6 個。

方　　法

如圖所示，把學生分為人數相等的兩隊，每隊 3 個球，面向場內站立在兩邊端線外，以場上罰球圈（畫上虛線）和中線與邊線交點為圓心各畫一個 1.5 公尺為半徑的

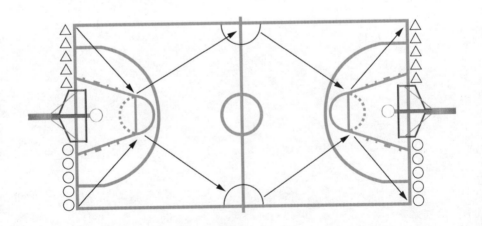

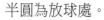

半圓為放球處。

　　遊戲開始，雙方排頭抱起 3 個籃球迅速起動，分別跑至 3 個圈內各放一個球，然後跑至另半場的端線，手擊端線後的隊員的手；第二人立即起動，依次把三個圈內的每一個球撿回並交給本隊第三人；第三人再抱球依次放到各圈內。如此反覆進行，直到全隊做完，先完成的隊為勝。

規　　則

　　●放球者要把球放在圈內，若球滾離圈內，由放球者重放，其他人不得幫忙；但若對方隊員有意把球弄出圓圈，則可立即宣判該隊為負，並結束比賽。

　　●撿球者若抱球時漏球，由本人重新撿起，其他人不得幫忙。

140 摸高快跑

目　的

發展學生快跑、急停、轉身、跳躍能力。

場地器材

籃球場 1 塊。

方　法

如圖所示，把學生分為人數相等的兩隊，面向場內站立於球場端線外。

遊戲開始，兩隊排頭迅速起動跑至中線處用手觸摸中

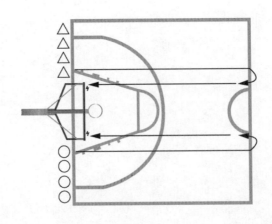

線後返回，在籃板下跳起用單手摸籃板，連做三次後拍第二人的手，自己站到隊尾；第二人依前進行，全隊每人做一次，先完成的隊為勝。

規　　則

● 發令和被拍手後方可起動，否則退回原處重新起動。

● 手觸中線地面方能折回，否則必須回中線處重做。

● 跳起摸籃板時只有手摸到籃板一次才計一次，必須摸夠規定數量。

教學建議

可根據遊戲者的年齡、水準或其他實際情況決定採用下列某一方法：

● 增減折回次數，例如，跑至罰球線折回，再跑至中線折回，再跳起摸籃板。

● 增減折回跑距離，例如，跑至罰球線折回跳起摸籃板。

● 增減跳起高度，例如，採用豎高為 1.05 公尺的籃板，或豎高為 1.20 公尺的籃板，或摸籃網，或籃板下掛一吊球為標誌，或籃板上畫一標誌線等等。

● 增減摸籃板次數。

● 改變起跳或摸籃板方式，例如，雙腳起跳，或單腳起跳，或單手摸板，或雙手摸板等等。

141 三角形接力

目 的

提高學生快跑中急停、轉身技術動作的準確性。

場地器材

籃球場 1 塊。

方 法

如圖所示，在球場上畫一個邊長為 10 公尺的等邊三角形。把學生分為人數相等的三隊，面向三角形外站立於三角形的 A、B、C 三個頂角內。

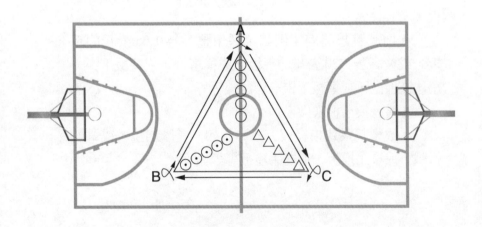

遊戲開始，三隊從排頭起依次迅速起動按順時針方向沿三角形的三條邊線快跑，並在每一個頂角急停、轉身、再快跑，直到返回原出發點擊下一人的手後，自己返回本隊隊尾。如此反覆進行，直到全隊每人都做完一次，先完成的隊為勝。

規　　則

● 只能沿三角形的邊線跑，不得跑到三角形內，否則判其重跑一次。

● 每到一個頂角都必須做急停轉身，否則所跑無效，判其重跑一次。

● 後一人必須在前一人返回並擊掌後方能起動，否則無效，判其返回起點重新起動。

教學建議

● 可改為逆時針方向跑動。

● 可改為多種方式跑動，例如，採用後退跑、交叉步、滑步、後撤步等。

142 組合步法接力

目　的

提高學生跑動中急停、轉身、側身跑、變向跑動作及不同動作間的快速銜接能力。

場地器材

籃球場 1 塊，標誌物 6 個（如小紅帽）。

方　法

如圖所示，在同一側場地上分別放置三個相互交錯的標誌物，把學生分為人數相等的兩隊，面向場內站立於同

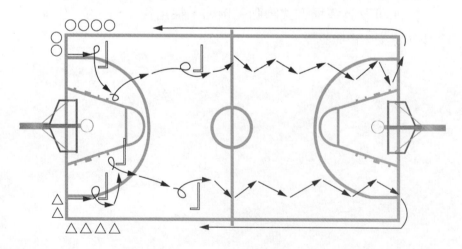

一半場的場角處。

遊戲開始，各隊排頭快速起動，每到一個標誌物前做急停、後轉身，到中線的最後一個標誌物做急停、後轉身後運用後撤滑步滑至前場用一腳踩端線，然後立即起動沿邊線外做側身跑返回起點，擊本隊第二人的手後，自己返回本隊隊尾。以後全隊按順序每人逐一做一次，以先完成的隊為勝。

規　　則

* 必須按規定動作進行，否則判其重做一次。
* 必須有一腳踩中線或端線才能變換動作，否則判其重做。
* 返回後必須由前一人與後一人擊掌後，後一人才能起動，否則返回重做。

143 組合步法移動比賽

目　的

提高學生跑動中急停、轉身、變向跑動作及不同動作間的快速衡接能力。

場地器材

籃球場 1 塊，標誌物（×）2 個（如小紅帽）。

方　法

如圖所示，「×」為標誌物，「●」為黑點。把學生分為人數相等的兩隊，分別站立在兩端線外。

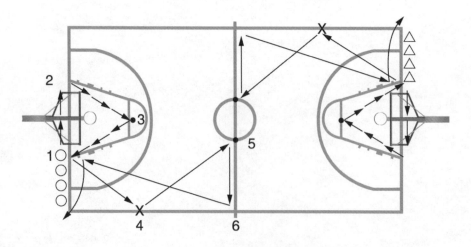

遊戲開始，隊員從 1（起點）開始至 2 用側滑步；2–3
為前滑步，3–1 後撤一步接後滑步；1–4 為快跑；4–5 為
變向後快跑；5–6 一隻腳踩黑點後急停、轉身做後退跑；
6–1 為一隻腳踩邊線快回起點。擊本隊下一個同伴的手
後，由同伴重複以上動作，自己返回本隊隊尾。依次類
推，以速度快的隊為勝。

規　　則

● 必須到規定的標誌點才能變換動作，否則判其重跑
一次。

● 交接時必須前後兩人相互擊掌後起動，否則後面的
人返回重新起動。

144 籃下跳起碰板接龍

目　的

使學生掌握籃下跳起的動作方法，提高彈跳能力。

場地器材

籃球場半個，籃球 2 個。

方　法

如圖所示，把學生分為人數相等的兩隊，面向籃板站立於球籃兩側，排頭各手持一球。

遊戲開始，兩隊持球隊員立即把球「傳」向籃板，並

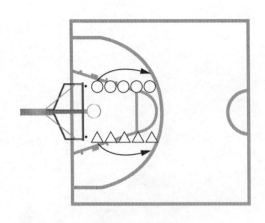

馬上跑離籃下返回本隊隊尾；當球從籃板上反彈起來時，第二名隊員立即上一步跳起，在空中接住球同時再次把球打向籃板，自己返回本隊隊尾；其他隊員以同樣方法進行。直到規定時間，計算雙方跳起托球碰板的成功次數，成功次數多者為勝。

● 次數的計算以球不落地為準，若球落地則前面所算的次數全部作廢，重新計算次數。

● 必須跳起在空中接球並托球碰板，否則視為失敗，重新計算次數。

● 必須按順序進行，不得替代，否則視為該隊失敗。

145 空中配合點撥入籃

目　的

　　訓練學生跳起空中手指控球的能力，發展彈跳力與協調性，提高合作配合的意識與能力。

場地器材

籃球場地 1 塊，籃球若干。

方　法

　　如圖所示，將全隊分成兩大組，每半場一組。身高應大致相同。每組學生再分成兩人一組的若干小組，面向籃

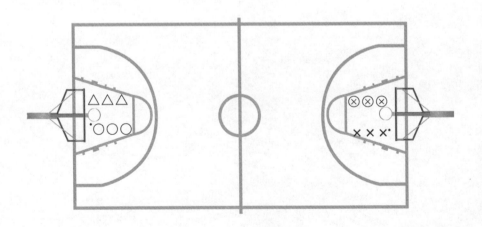

板站在球籃兩側，每個小組由一人持球。

　　遊戲開始時，由持球人將球拋向籃板，並隨之跳起來在空中將球經由碰籃板落向球籃的另一側，站在球籃另一側的學生及時跳起在空中再由籃板將球點撥回來。

　　如此往返點撥 4 次，最後的那一次要將球點撥入籃，即得到 1 分。兩人一組依次進行下去，直至按規定完成遊戲。得分多者獲勝。

規　　則

　　●每小組只能點撥 4 次。

　　●點撥球必須在頭上方完成，未按要求點撥球入籃無效，不得分。

　　●每組開始點撥球的人也是最後點撥入籃的人。

146 矮人賽跑

目　　的

發展學生的下肢力量，以及運動的協調能力。

場地器材

籃球場地 1 塊，實心球 2 個。

方　　法

如圖所示，教師可將學生分成人數相等的兩隊，每隊再分成甲乙兩組，各成縱隊相對站在籃球場的兩條端線後，隊與隊的間隔為 3 公尺。

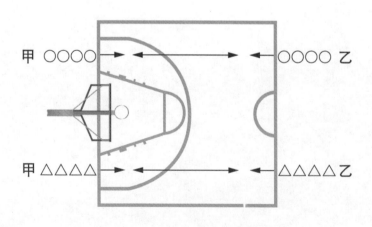

遊戲開始，各隊甲組排頭以屈膝半蹲姿勢，並用胸、腿把實心球夾在腹部，放開手做好準備，待教師發令後，迅速跑向本隊乙組處，把球交給乙組排頭後站到乙組隊尾。乙組排頭照同樣方法出發，直至全隊做完，以先完成的隊為勝。

規　　則

　　● 起跑和換人時，必須在起點線後進行。

　　● 跑動中不得用手扶球，球若落地必須在原地將球夾好後方能前進。

　　● 凡犯規者可判其在最後重做一次。

教法建議

　　● 為了增加難度，可改為曲線跑。

　　● 蹲走的距離，可根據學生實際情況進行適當調整，實心球也可用排球等代替。

147 躲「流彈」

目　的

發展學生的靈巧性，提高其運球能力。

場地器材

籃球場地 1 塊，籃球、排球各一個。

方　法

如圖所示，教師可將學生分成人數相等的兩隊，每隊選出一名隊長。兩隊隊長猜先決定攻、守後，進攻隊站在

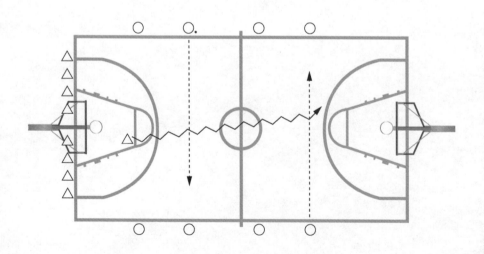

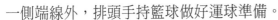

一側端線外，排頭手持籃球做好運球準備。

　　防守隊分成人數相等的兩組，分散站在兩側邊線外，其中一人手持排球做好投擊進攻的準備。

　　遊戲開始，進攻隊排頭向另一端線運球快速奔跑，如途中不被擊中安全抵達時，則為本隊得 1 分；如運球安全返回原處，則又為本隊得 1 分。全隊如此進行。防守隊員站在兩側邊線外，當進攻隊員運球跑時，以排球擲擊其腰部以下的部位或手中的球。如果運球隊員被擊中，即算失敗，應立即返回原處將球交給第二人繼續運球跑。當進攻隊每人輪流一次，累積得分後，攻、守雙方交換進行，最後以得分多的隊為勝。

規　　則

　　● 防守隊員可互相傳遞球和連續擲擊進攻隊員，但擲擊時不得越過邊線。

　　● 進攻隊員運球時，運球失誤或被擊中，均算失誤，並換下一名隊員進攻。

教法建議

　　● 此遊戲防守隊也可用兩個或更多的球擲擊進攻隊員，以提高進攻隊員的運球和躲閃的能力，增加遊戲的難度。

148 圈內搶球

目　　的

訓練學生觀察、判斷與反應的能力，提高學生快速傳球與防守搶斷的技術。

場地器材

籃球場地或空地 1 塊，籃球 2 個。

方　　法

如圖所示，在每個半場各畫一個直徑 4 公尺的圓圈。把學生分成 A、B 兩組，分別在兩個圓圈上進行遊戲。在

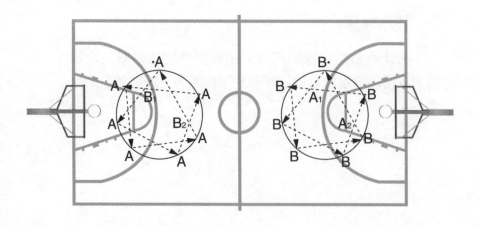

圓圈上各自站上 7 名隊員，等距離分佈，其中一人持球，在圈內各自站上對方的兩名防守隊員。

遊戲開始時，持球隊員開始傳球，傳球的方式不限，但要至少間隔一人傳球，如此不斷地進行傳球。兩防守者在圈內不停地攔截、搶斷傳球；傳球的隊員要每次喊出傳球的累積次數，防守的隊員也要喊出觸球、搶斷或對方傳球失誤的累積次數，直到規定的時間為止。對比兩組論勝負。

規　　則

● 傳球時要至少間隔一人傳球。

● 傳球者持球不得在手中超過 3 秒鐘，否則按傳球失誤計數。

● 防守者不得用腳踢球，其他任何部位觸球都算防守成功。

教學建議

● 可以變更圓圈的大小來增減傳球的人數。防守人數也可增減。

149 限時對抗

目　的

訓練學生快速攻守的意識，以及快速觀察與判斷的能力，並培養積極、頑強的作風。

場地器材

籃球場地 1 塊，籃球若干。

方　法

如圖所示，將學生按實力平均分成 3～4 組，兩組參加比賽，另外的組站於端線外。比賽採取規定時間或規定得

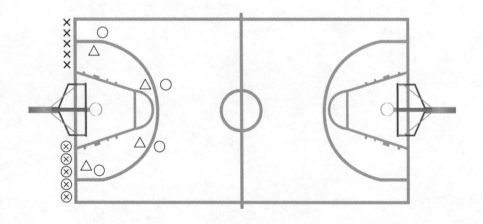

分的輪流對抗，對抗遊戲的方法同正式比賽，但必須遵守
特殊規定。

　　遊戲開始時，中圈跳球開始，得到球權的一方要在 15
秒鐘內完成進攻投籃，以後的每一次進攻也同樣要在 15 秒
內完成。

規　　則

　　● 控制球的隊必須在 15 秒內投籃。

　　● 在前場斷球、搶到前場籃板球、在前場擲界外球等
必須在 5 秒內投籃。

　　● 球投中、碰籃圈或碰籃板均屬於投籃動作。

教學建議

　　● 在遊戲前最好先指導學生比賽時要突出一個「快」
字，但應在「快」的同時合理有效地運用技術。

主要參考文獻

1. 體育學院通用教材‧籃球‧北京：人民體育出版社，1990‧

2. 孫民治‧籃球‧北京：高等教育出版社，1993‧

3. 劉玉林‧現代籃球技術教學與訓練‧北京：北京體育大學出版社，1992‧

4. 柳永青‧籃球遊戲‧北京：教育科學出版社，1996‧

5. 武國政‧籃球遊戲‧北京：北京體育大學出版社，2005‧

6. 張良祥‧籃球專項化活動性遊戲大全‧北京：北京體育大學出版社，2004‧

7. 唐煜章‧現代籃球訓練方法新探‧北京：人民體育出版社，2005‧

8. 李明強‧中外體育遊戲精粹‧北京：人民體育出版社，1998‧

運動精進叢書

1 怎樣跑得快

定價200元

2 怎樣投得遠
定價180元

3 怎樣跳得遠
定價180元

4 怎樣跳的高

定價180元

5 高爾夫揮桿原理

定價220元

6 網球技巧圖解

定價220元

7 排球技巧圖解

定價230元

8 沙灘排球技巧圖解

定價230元

9 撞球技巧圖解

定價230元

10 籃球技巧圖解

定價220元

11 足球技巧圖解
定價230元

12 羽毛球技巧圖解

定價220元

13 乒乓球技巧圖解

定價220元

14 曲線球與飛碟球

定價300元

15 街頭花式籃球

定價280元

16 精彩高爾夫

定價330元

17 巴西青少年足球訓練方法

定價230元

18 籃球個人技術全圖解＋VCD

定價300元

19 門球（槌球）入門與提升180問

定價230元

20 美國青少年籃球訓練方式250例

定價280元

21 單板滑雪技巧圖解＋VCD

定價350元

國家圖書館出版品預行編目資料

籃球教學訓練遊戲／韓國太　編著
　　　——初版，——臺北市，大展，2009〔民98．11〕
　　　面；21公分——（運動精進叢書；22）
　　　ISBN　978－957－468－715－2（平裝）
1.籃球　2.運動教學　3.教學遊戲
528.95203　　　　　　　　　　　　　　98016364

籃球教學訓練遊戲

編　　著／韓　國　太

責任編輯／王　英　峰

發 行 人／蔡　森　明

出 版 者／大展出版社有限公司

社　　址／台北市北投區（石牌）致遠一路2段12巷1號

電　　話／（02）28236031‧28236033‧28233123

傳　　眞／（02）28272069

郵政劃撥／01669551

網　　址／www.dah-jaan.com.tw

E - mail／service@dah-jaan.com.tw

登 記 證／局版臺業字第2171號

承 印 者／傳興印刷有限公司

裝　　訂／建鑫裝訂有限公司

排 版 者／弘益電腦排版有限公司

授 權 者／北京人民體育出版社

初版1刷／2009年（民98年）11月

定　價／280元

大展好書　好書大展
品嘗好書　冠群可期

大展好書　好書大展
品嘗好書　冠群可期